From the library of

Published by Sophene 2023

The *History of Taron* by John Mamikonean was translated into English by Robert Bedrosian in 1975.

A searchable, digital copy of the English translation can be accessed at:

https://archive.org/details/mamikoneanhistorytaron

www.sophenebooks.com
www.sophenearmenianlibrary.com

ISBN-13: 978-1-925937-93-0

ՅՈՎՀԱՆ ՄԱՄԻԿՈՆԵԱՆԻ

ՊԱՏՄՈՒԹԻՒՆ ՏԱՐԱՒՆՈՅ

ՏՊԱՐԱՆ
ԾՈՓՔ
Լոս Անճելըս

JOHN MAMIKONEAN

HISTORY
OF
TARON

IN CLASSICAL ARMENIAN
WITH AN ENGLISH TRANSLATION BY
ROBERT BEDROSIAN

SOPHENE BOOKS
LOS ANGELES

CONTENTS

Translator's Preface	xi
Episode I (Mushegh)	2
Episode II (Vahan)	22
Episode III (Smbat)	50
Episode IV (Vahan Kamsarakan)	84
Episode V (Tiran)	98
History	108
Colophon	120
Index	127

TRANSLATOR'S PREFACE

Among Classical Armenian sources, the *History of Taron* attributed to the otherwise unknown Yovhannes (John) Mamikonean, is a peculiar work. The author of this medieval romance claims to have compiled it in 680-681 from shorter, earlier accounts written by the abbots of the monastery of Glak in the district of Taron (in southwestern historical Armenia, to the west of Lake Van). Actually, scholars are convinced that the work is an original composition of a later period (post-eighth century), written as a deliberate forgery.

The *History of Taron*, despite its name, is not a history. Rather, it is a relatively short "historical" romance in five parts, purporting to describe significant events occurring in the district of Taron during the Byzantine-Iranian wars when the *shah* of Iran was Xosrov II (590-628). During Xosrov's reign, Taron was frequently invaded by the Iranians. The *History* describes the actions of five generations of Mamikoneans (Taron's princely house), in defending and avenging the district. Each section or cycle of the story is devoted to the exploits of one of the defenders: Mushegh, Vahan, Smbat, his son Vahan Kamsarakan, and the latter's son Tiran. The heroes are at times superhumanly brave or duplicitous, wise or cunning, humble or bombastic, humane or brutally merciless as the situation requires. Above all, they are the holy warriors of St. Karapet (their patron saint), and they zealously defend the monastery of Glak as well as all the churches and Christians in the district. Much of the narration describes battles fought and the cunning tactics used by the Taronites to defeat the invading Iranians.

Despite some recent, unsuccessful, attempts to rehabilitate the *History* and to substantiate the author's 7th century claims, there are compelling reasons for suspecting a later date. First, it is apparent that the author made use of a number of Armenian sources composed after the end of the seventh century. In addition to the works of P'awstos Buzand (5th century) and Sebeos (7th) from whom he drew inspiration, John Mamikonean was familiar with

TRANSLATOR'S PREFACE

Movses Xorenac'i[1] and Ghewond (8th), and wove into his *History* identifiable episodes from each. Second, the work contains chronological impossibilities; and few, if any, of the Mamikonean heroes are historically identifiable personages. Third, women in the society described by John Mamikonean apparently did not enjoy the right of church attendance along with men (See *Episode 1*). This circumstance seems to place John in an era of strong Islamic influence (8th-12th centuries)—though to my knowledge none of the authentic early Armenian historical sources makes any mention of the segregation of women in church in any period. The religion of the Mamikonean heroes also points to a late date. Theirs is a vengeful and fanatical Christianity of the borderlands, akin to the religion of the Islamic *ghazzi* warriors. Their prayers are addressed not to God or Christ directly, but to their patron saint, Karapet, who appears among them and, literally, fights their difficult battles.

John Mamikonean wrote in a pseudo-historical style, attempting to emulate P'awstos and Sebeos. He frequently provides purely imaginary figures of the combatants' troop strength and casualty figures. He provides homey—and incorrect—etymological information about the place names of Taron. There is, moreover, a marked tendency on his part to revel in the gory details of war's cruelties. To John, the enemy is barely human. He would have us believe that the Armenians are fighting the Zoroastrian Iranians, but John, most likely, was describing the invaders of his day, Arabs or even Saljuqs. The author's obsession with acts of vengeful brutality may provide a clue to the work's date. One senses that John Mamikonean wrote this romance as wish-fulfillment literature for the beleaguered Armenians of a difficult time.

Some scholars—having adjudged the work a medieval forgery, finding it neither historical nor particularly fine literature—dismiss the *History of Taron* as valueless. However, if this romance belongs to the ninth to twelfth centuries as we believe, then it would be profitable to analyze it in connection with other epics of the same period: the Byzantine *Digenes Akrites*, the Iranian *Shahname*, the

---

[1] possibly, 8th century.

Armenian *David of Sasun*, and the Turkish *Danishmendname* and *Book of Dede Korkut*. Admittedly, the *History of Taron* is a poor relation compared with these international classics. But, in point of fact, its composition may have preceded the others.

John Mamikonean was self-conscious about his work and was afraid that future scribes would try to change his composition or ridicule it. Thus, he wrote in his concluding colophon: "When you make a copy of this, let nothing appear ridiculous to anyone. Instead, rewrite my exemplar fully and without deletions..." Today, many centuries later, despite changed literary tastes, John still has an audience, and with good reason. First, the *History of Taron* remains the sole extant example of an original medieval romance in Armenian. Without a doubt there were others, though, regrettably, none has reached us. Most significant is the fact that the *History of Taron* contains a rare example of medieval Armenian folk poetry (See Episode 3, p. 91, *"Beasts devoured..."*), another genre for which we possess few specimens. Yet the real reason John Mamikonean still has an audience is his ability to entertain.

The so-called "critical edition" of the Classical Armenian text of the *History of Taron* was published by Ashot Abrahamyan,[1] but because of its many errors has not won acceptance from scholars. Much preferred is the older Mxitarist edition,[2] from which the present translation was made in 1975. For additional bibliography see Abeghyan,[3] Aivazian,[4] and Ter-Petrosyan.[5]

This translation uses a modification of the Hübschmann-Meillet-Benveniste transliteration for Armenian.

Robert Bedrosian
New York, 1985

BIBLIOGRAPHY

1. Mamikonean, H. (1944). *Patmutiwn Taroni.* Ed. A. Abrahamyan. Erevan.

2. Mamikonean, H. (1832, reprinted 1889). *Yovhannu Mamikoneni episcoposi Patmut'iwn Taro'noy.* San Lazzaro.

3. Abeghyan, M. (1958, reprinted 1968). *Hayots' hin grakanut'ean patmut'iwn* (Vol. 1). Beirut.

4. Aivazian, K. V. (1976). *Istoriia Tarona i armianskaia literatura IV-VII vekov.* Erevan.

5. Ter-Petrosyan, L. (1977). K voprosu o datirovke 'Istorii Tarona. *Banber Erevani Hamalsarani,* 3, 143-159.

JOHN MAMIKONEAN'S
HISTORY OF TARON

Ա

Ջենոբ եկաց հայր վանացն Գլակայ ամս քսան:

Յետ նորա Եպիփան աշակերտն Անտոնի ամս երեսուն: Ի սորա տասն ամին եկն սուրբն Գրիգոր ի Գլակայ վանսն, եկաց յԱւետեաց բլուրն առ Անտոն եւ Կրաւնիդէս չորս ամիս: Եւ նոքա հանեալ զնա անտի ասելով. Գնա յանապատ յանմարդաբնակ տեղիս, զի մի՛ ոք փառաւորութիւն մատուցանէ քում սրբութեանդ: Իսկ նորա գնացեալ ի Մանեայ այսն, եւ կացեալ անդ ամս եւթն, վախճանի ի կենացս ի փառս Աստուծոյ:

Ստեփանոս աշակերտ նորա ամս հնգետասան: Ի սորա չորրորդ ամին վախճանեցաւ սուրբն Անտոն. եւ յետ երկուց ամսոց եւ սուրբն Կրաւնիդէս, կացեալ ամս քառասուն յիննակնեան տեղիս. Եւ է սակաւ ինչ հեռագոյն թաղեալ յեկեղեցւոյն ըստ հարաւոյ հուսէ: Սա շինեաց եկեղեցի ի տեղին, ուր սուրբն Գրիգոր զնշխարսն պահեաց յայն կոյս Կըւառաց, մերձ առ յորդաբուղխ աղբերն. եւ կացոյց անդ կըրաւնաւորս Կ հրեշտակային վարուք:

Եփրեմ ամս քսանեւութ:

Յովհաննէս ամս տասն. Սա էր ի ժամանակս սրբոյն Սահակայ:

Ղիմինդոս ամս տասն:

Մարկոս ամս ութեւտասն:

Կիւրեղ ամս քսան եւ երկու: Սա առաջին եպիսկոպոս ձեռնադրեցաւ ի Մանդակունւոյն Յովհաննէ Հայոց կաթողիկոսէ:

Գրիգոր ամս վեց:

I

Zenob was abbot of Glak monastery for 20 years.

After [Zenob] was Epip'an, the student of Anton, who ruled for 30 years. In his 10th year, St. Gregory came to Glak monastery and remained with Anton and Kronides on Awete-ac' hill for four months. But they removed him from the place, saying: "Go to some uninhabited place in the wilderness, so that no one will glorify your sanctity." So he went to Maneay cave and lived there for seven years, and passed from this life to the glory of God.

Then his student Step'anos directed the monastery for 15 years. In his 4th year, the holy Anton died, and two months later blessed Kronides, having dwelt 40 years in the place called Innaknean [Nine Springs]. He is buried not far from the church on the south side. It was he who built the church where the relics of St. Gregory are kept, on the other side of Kuarhac', by the gushing spring. There he established 60 clerics of angelic behavior.

Ep'rem ruled 28 years.
Yovhannes, 10 years. He lived in the time of St. Sahak.
Ghimindos, 10 years.
Markos, 18 years.
Kiwregh, 22 years. He was the first bishop ordained by the Armenian *Catholicos*, Yovhann Mandakuni.
Grigor, 6 years.

Անդրէաս ամս մետասան:

Ներսէս ամս եւթն:

Զովհաննէս ամս երիս:

Սահակ ամս հինգ:

Յովսէփ ամս վեց:

Բարթողիմէոս ամս չորս:

Աթանաս ամս տասն: Սա էր, որ ի ժամանակս Մովսեսի Հայոց կաթողիկոսի զթուականն կարգեաց՝ հրամանաւ նորին ի Դուին քաղաքի, զի նա էր տեղեակ տոումարի ամենայն ազգաց:

Կոմիտաս ամս ութ: Սա գնաց միաւորել յԱբրահամէ Հայոց կաթողիկոսէ առ Վրաց կաթուղիկոսն:

Ստեփաննոս՝ ամս վեց: Սա ի ժամանակս Կոմիտասայ Հայոց կաթողիկոսի գնաց առ նա, եւ եբեր մասն ինչ ի սրբոց Հռիփսիմեանց, եւ եդ ի Գլակայ վանքն՝ ուր ինքն իսկ էր: Քանզի Կոմիտաս վերստին շինեաց վկայարան սրբոց Հռոփսիմեանցն:

Բարսեղ ամս ութ:

Թադէոս ամս երեսուն: Սա ի տղայութենէ ստացաւ զառաքինութիւն: Եւ էր նա աշակերտ Բարսղի, որ եղեւ նմա սիրելի վասն վարուց իւրոց եւ իշխանին Մամիկոնենից Մուշեղայ. եւ իշխանն բազմացոյց սմա դաստակերտս բազումս: Սա բազում կրաւնաւորս կարգեաց ի Գլակայ վանսն միաճաշակս եւ ճգնաւորս՝ առանձինն բնակել, անձինս երեք հարեւր ութսուն եւ ութ:

Andreas, 11 years.[1]

Nerses, 7 years.

Yovhannes, 3 years.

Sahak, 5 years.

Yovsep', 6 years.

Bart'oghimeos, 4 years.

At'anas, 10 years. It was At'anas who, in the time of the Armenian *Catholicos* Movses, devised the calendar, at Movses' command, in the city of Duin, for he was familiar with the calendars of all peoples.

Komitas, 8 years. He went to the Iberian/Georgian *Catholicos* from the Armenian *Catholicos* Abraham to create unity.

Step'annos, 6 years. During the time of the Armenian *Catholicos* Komitas, Step'annos went to him and brought some relics of the holy Hrhip'simeans and placed them in Glak monastery where he himself was. Komitas had [re]built the chapel of the blessed Hrhip'simeans.

Barsegh, 8 years.

T'adeos [T'odik], 30 years. He received virtue in his childhood, and was a student of Barsegh, becoming dear to him (on account of his conduct), and to Mushegh, prince of the Mamikoneans, who increased his holdings with many *dastakerts*[2]. He established many clerics in Glak monastery, hermits who ate but once a day, and lived alone, 388 of them.

---

1 It was Andreas who went with the Armenian *Catholicos*, Vardan, to a meeting of the Byzantines at which all the Armenians, Iberians/Georgians and Greeks with the emperor Zeno confessed Christ of One Nature.
2 *dastakert*: estate.

Արդ. ի սորա ժամանակս եկին արք չորք ի կողմանցն Յունաց, արք ճգնաւորք եւ խոտաճարակք որոշեալք յամենայն մարմնական հեշտութեանց, որք կամէին անցանել ի Սուկաւ: Իբրեւ եկին, ի տեղիսն յայն, հաճեցան հաւանեցան բնակել յանապատի անդ, լուան ոմանք ի կողմանցն Սագաստանաց արք երեք. եւ եկեալ ի նոյն տեղիսն Գլակայ, եւ հանդիպեալ միմեանց՝ դադարեցին ի միում վայրի: Ոմանք՝ յիննակնեան վայրսն, յԱւետեաց բլուրն. եւ ոմանք՝ ի քարայրին, որ ի հարաւակողմն արեւելեան է, ի թագուածի խաչի կողմանն. իսկ ոմանք ի կողմանց անտառաբլերն: Եւ այնպէս ի բազում ժամանակս կեցեալ ի սոյն խստակրաւնութեանն՝ ամս Ի:

Արդ՝ ի ժամանակս իշխանութեանն Մամիկոնենից Մուշեղայ, եւ Թոդկայ վանականութեանն հրաշալիս իմն գործեցան գործք ի վանսն Գլակայ ի դուռն սրբոյ Կարապետին: Իշխանն Արծրունեաց, որում անուն կոչիւր Վարդպատրիկ (սա շինեաց բազում եկեղեցիս եւ վանորայս), եւ ունէր կին բարեպաշտաւն՝ Մարիամ անուն նորա, սա առեալ զկին իւր՝ ած առ հայր նորա Մուշեղ, զի ինքն դէմ եդեալ էր երթալ ի Կեսարիա: Եւ թողեալ զկին իւր անդ, եւ յանձն արարեալ զգաւառն այլոց ազատաց՝ ինքն գնաց: Իսկ կին նորա զի յոյժ փափագեալ էր տեսութեան սրբոցն, որ ի Գլակայ վանսն, եւ ուխտի Կարապետին, յաւուր միում առեալ զփոքրիկ մանկիկն իւր անդրանիկն, որ էր ի ստեան, գայ բազում յաւժարութեամբ ի դուռն Կարապետին: Աղաչէր բազում անգամ զկրաւնաւորսն, զի թոյլ տացեն նմա մտանել յեկեղեցին, իսկ սպասաւորքն արգելուին զնա յայնմ խորհրդոյն: Բայց զփոքր մանկիկն Ստեփանոս առեալ ի գրկաց նորա, բերեալ առաջի սրբոյ սեղանոյն՝ երկրպագեցուցին Տեառն, եւ բերեալ ետուն ցմայր իւր: Իսկ նորա առեալ՝ սկսաւ արտասուել, եւ ողբալով ասէ.

In his time four men arrived from Byzantium, men who were hermits and herb eaters, and opposed to any pleasures of the flesh. They wished to continue on to Sukaw mountain, and once they had come to that place they desired to dwell in the retreat. After they had been there for two years, some three other men from Sagastan heard about [them]. Arriving at that very place, Glak, and meeting each other, they stayed in the same place. Some remained at Innaknean, on Aweteac' hill, and others in the caves which were to the southeast of the hidden Cross. Others went to the forested hills. They stayed for a long time, 20 years, practising their discipline.

Now in the time of the rule as prince of Mushegh Mamikonean, and during T'odik's directorship of the monastery, marvellous deeds were performed at Glak, at the church of St. Karapet. The prince of the Arcrunik', who was named Vard *patrik*, had built many churches and monasteries. He had a pious wife named Mariam. Since he was going to Caesarea, he brought his wife to her father, Mushegh. He left his wife there, entrusted the district to others of the *azats*,[3] and departed. Now since his wife [Mariam] was very desirous of seeing the holy men attached to Glak monastery and the congregation of Karapet, one day she came with great enthusiasm to the church of Karapet bringing along her first-born son, a small suckling child. Many times she beseeched the clerics to allow her to enter the church, but the attendants prevented her. However [the cleric] Step'annos took the small child in his arms, brought him before the altar, had him worship the Lord, and then brought him back and gave him to his mother. Now [Mariam] took the child and began to weep, saying:

---

3 *azats*: gentry.

«Վա՜յ ինձ, մեղաւորիս, որ զրկեալս եմ ի բարեաց: Ողբացէ՛ք զիս, ամենայն կանա՛յք, տեղի՛ տուք արտասուաց իմոց, ամենայն ձայնարկուք: Ծածկեսցեն զիս լերինք, եւ ողորմեսցին ինձ բլուրք. գազանք եղկեսցեն զիս, եւ թռչնոց ազգ խիթասցեն ընդ իս: Հրեշտակք ապաշաւեսցեն զանձն իմ, եւ դեւք բունեալ՝ յարձակեցան ի վերայ իմ: Ողորմեցարո՛ւք ինձ, ո՜վ սուրբ սպասաւորք Կարապետիդ, եւ տո՛ւք տեսանել զիս ի տաճար անդր»:

Եւ դարձեալ ցմանուկն ասէր. «Ո՜վ որդեա՛կ, ընդէ՞ր բաժանեցար ի գրկաց իմոց, զիա՞րդ ոչ ողորմեցար մաւրս քո. Ո՞չ ես ծնայ զքեզ եւ ո՞չ սնուցի զքեզ, եւ զիա՞րդ թողեր զիս միայն»:

Եւ զայս ասացեալ կնոջն, հանեալ բազում անուշահոտ խունկս՝ տայր սպասաւորացն եւ զանձս բազումս ի սպաս սուրբ եկեղեցւոյն: Եւ պատգամս յղէր առ հայրն Թոդիկ, զի առեալ զիրսն՝ եւ զնա թողցէ ի ներս: Իսկ նա ասէ. «Ո՛չ զայդ հրամանսդ ընկալեալ եմք յառաջնոցն, եւ ո՛չ իշխեմք առնել. Արդ եթէ վասն հաւատոց ես, ընդունելի է քեզ այդչափ աշխատանքդ. արդ՝ մի՛ վասն պատասխանւոյն ձանձրանար ի մէնջ, այլ երթ ի խաղաղութիւն»:

Իսկ նա ասէ.

«Ո՛չ այդպէս. այլ եթէ վասն իշխանութեան է, ես ոչ երկնչիմ ի ձէնջ, իսկ եթէ վասն թշնամութեան Կարապետին ընդ մեզ, ո՞չ ինքն ի կնոջէ ծնաւ, եւ Տէրն ինքն ի կնոջէ է ծնեալ. եւ ո՞չ առաքեալքն եւ մարգարէքն մայր ունէին: Արդ՝ ես մտանեմ, ո՜վ Տէր, եւ զմայրն քո բարեխաւս ունիմ ինձ: Մի՛ առներ յիս զցասումն բարկութեան քո, զի մի՛ եղէց նըշաւակ աշխարհի: Զի եթէ դու զկնոջ կաթն արբեր, զոնեա եւ զիս տաճարիս արժանի արա՛»:

"Woe is me, sinner that I am, for I have been deprived of goodness. Let all women lament me, let all mourners give way before my tears. Let the mountains cover me and the hills pity me. Let the beasts and the different types of birds grieve for me. Let the angels lament for me, and the *dews*[4] who have made their nest within, attack me.[5] Oh blessed attendants of Karapet, pity me and allow me to be taken into the church."

Then she said to the child: "Oh my little son, why were you separated from my embrace, why did you not pity your mother? Did I not bear and nourish you? Why did you leave me alone?"

Saying this the woman took out numerous fragrant incenses and gave them to the attendants, and she gave much treasure for the needs of the church. She sent a message to father T'odik to accept the goods and to let her inside. But T'odik said:

"We do not have a command from our predecessors to permit it, and we dare not do it. But your deed [*i.e.,* the contribution] is acceptable if it was done out of faith. Do not importune us for a reply, but instead, go in peace."

Now [Mariam] said:

"No. If it is a question of authority, I do not fear you. But if it is a question of arousing the enmity of St. Karapet toward us, well, was he himself not born of a woman, and the Lord Himself, the Apostles and the Prophets, did they not have mothers? Now, oh Lord, I shall enter and I have Your mother as my intercessor. Do not turn Your wrath on me lest I be exposed to the scorn of the land. For if you ever drank a woman's milk, deem me worthy of entering the church."

---

4 *dew*: demon.
5 This sentence is uncertain.

Եւ զայս ասացեալ՝ եմուտ ի տաճարն, եւ համբուրեաց զորմ տաճարին. Եւ գնաց առաջի սրբոյ սեղանոյն, եւ ծունր կրկնեալ՝ ասէ. «Տես, Տէր, զբեկեալ սիրտ իմ, եւ ողորմութիւն արա՛ վիրաւորելոյս. զի դու ոչ յիշեցեր յողորմութեան զբարկութիւն քո: Արդ՝ աւրհնեալ եղիցի անուն քո յաւիտեան»:

Եւ իբրեւ ել անտի տիկինն, խստացին, ոխացան եւ տրտմեցան յոյժ ընդ իրսն սպասաւորք եկեղեցւոյն, եւ ոչ պատրաստեցին կնոջն կերակուր: Իսկ նորա հրամայեալ սպասաւորաց իւրոց՝ ճաշ առնել կրաւնաւորացն եւ զամենեսեանսն ի սեղանն կոչել: Եւ որք եկին ի սեղան տիկնոջն, էին արք ԳՃ իննսուն եւ հինգ: Եւ յորժամ ճաշեցին, ասէ տիկինն. «Ո՜վ սրբասէրք եւ փոյթք յաստուածային մըշակութիւնն, ուրախ լերուք ընդ իս ի Տէր, զի ներեաց ինձ, եւ կատարեաց զփափագումն սրտի իմոյ: Արդ՝ աւրհնեցէք զիս եւ արձակեցէ՛ք ի խաղաղութիւն»: Եւ յառաջ ելեալ գնացին:

Իսկ եկեղեցպանն եւ մի ոմն ի կրաւնաւորացն գնացեալ առաջի սրբոյ սղանոյն, ասեն. «Ո՜վ Տէր, եւ դու ներե՞ս կընոջն՝ որ զայն գործեաց. եւ այլ կանանց զնոյն խրամ համարձակեալ հատանեն: Արդ՝ արա՛ զնշան քո զաւրութեանդ, զի վկայ լիցի ազգաց, եւ վկայ եւ աւրէն բազմաց»: Եւ իբրեւ յուղարկէին զկինն՝ ելանել ընդ փոքր զառիվերն ի հարաւոյ կուսէ վանացն, որ ի գլուխ Նարդակայ է եւ հայի ի փոքր ամրոցն Մեծամաւր՝ ներքոյ Նարդակայ, զոր Անդակն կոչեն, ետես կինն ի հիւսիսական կողմանէն տեսութիւն զարմանալի. Եւ ընկէց զմանուկն ի դայակն, եւ ասէ. «Տեսանեմ այր մի գիսաւոր ընդ ամպս որոտացեալ, եւ ելեալ յեկեղեցւոյն գայ առ իս. տեսանեմ առ նա զէն սրեալ եւ թագուցեալ եւ յարեան ներկեալ»:

Having said this, she entered the church and kissed its wall. She went before the holy altar, kneeled and said: "Lord, see my broken heart and have pity on me, as I am wounded, forgetting Your anger in pity. May Your name be blessed for eternity."

As soon as she went out, the church attendants became annoyed, resentful and very chagrined because of her act, and they did not prepare food for the woman. But Mariam ordered her servants to make a meal for the clerics and to call them all to table. There were 395 men. When they had dined the woman said: "Oh lovers of holiness and zealots of divine service, rejoice with me in the Lord, for He forgave me and fulfilled the desire of my heart. Now bless me and let me depart in peace." [Her party] departed.

The church warden and a certain one of the clerics went before the altar [of St. Karapet] and said: "Oh Lord, if you pardon the woman who did this, other women will dare to do the same. Now give a sign of your strength that it be a testimony to the generations, and a witness and law to the multitudes." As soon as they had set the woman on her way, she ascended a small hill on the southern side of the monastery, at the head of Nardak[6], facing a small stronghold of Mecamor below Nardak which they call Andak. [Mariam] saw a wondrous sight to the north. She threw her child to the *dayeak*[7] and said: "I see a man with long hair in a thundering cloud coming to me from the church. I see with him a sword, sharp and wet and dyed with blood."

---

6 but five mss have "Sadak".
7 *dayeak*: guardian/tutor.

Եւ ընդ բանիցն եհար զնա եւ անդէն սատակեցաւ: Զոր տեսեալ ծառայիցն, ընթացեալ ազգ առնէին սպասաւորաց եկեղեցւոյն. եւ հայրն ելեալ բարկացաւ եկեղեցպանին, տրտմեալ յոյժ՝ բազում ժամս արտասուեաց: Ապա առեալ զսպասաւորսն՝ տարաւ ի տեղին, եւ կազմեալ գերեզման, եդին ի նոյն տեղւոջն. Եւ կանգնեաց խաչ քարեայ, եւ գրըեաց ի նմա այսպէս.

Որ ոք յանդգնեսցի մարտնչել
Ընդ եկեղեցի Աստուծոյ,
Այս սուր եղիցի ընդ նմա:

Եւ հաստատեալ կայ այս գրով ի նոյն տեղւոջն:

Իսկ զմանուկն առեալ՝ եա ի դայեակս մինչեւ յարբունս հասաւ. եւ ապա առեալ ի վանսն՝ ուսոյց զնա, եւ հաստատեաց զնա հայր վանացն յառաջ քան զմահ իւր: Իսկ հայր նորա իշխանն Արծրունեաց մինչ դեռ գայր ի Կեսարիոյ, լըւեալ զմահ կնոջն, ստրջացաւ. Իսկ հայրն Թոդիկ մխիթարեաց զնա, եւ նա խորհեցաւ շինել եկեղեցիս. բայց գնաց ի Մատրավանսն վասն զնիւթն գտանելոյ, եւ անդ շինեաց եկեղեցի վայելուչ, եւ կոչեաց զանուն նորա վասն կնոջն՝ Սուրբ Աստուածածին, եւ զարդարեաց զնա հրաշալի սպասիւք եւ կազմութեամբ: Նոյնպէս եւ զՍուրբ Կարապետն ի Գլակայ վանսն մեծաշուք փառաւք զարդարեաց:

While speaking she was struck and perished there. Seeing this, the servants went and informed the church attendants. The abbot became angry with the warden and grew very sad and wept for many hours. Then, taking attendants with him he went to the place, made a grave and buried her there. He erected a *xach'k'ar*[8] and wrote on it as follows:

Should Anyone Dare to Battle
Against the Church of God,
Let this Sword be through Him.

And this is still standing over that very place.

Now [the abbot] took [the woman's] child and gave him to the *dayeak*s until he reached puberty. At that time [the abbot] took him to the monastery and trained him and established him as abbot before his own death. Now when [the lad's] father, the prince of Arcrunik' came back from Caesarea and heard about the death of his wife, he was seized with remorse. Abbot T'odik consoled him. And the prince resolved to construct a church. He went in search of [building] materials to Matravank', built a beautiful church there, and named it after his wife [Mariam], Holy Astuacacin (Mother of God). He adorned it with marvelous vessels and appointments. He similarly embellished holy Karapet at Glak monastery with great glory.

---

8 *khachkar:* cross-stone.

Սա դարձոյց զԿուառսն ի Կարապետն եւ զՊարեխ. Քանզի իշխան ոմն անաւրէն տանն Մամիկոնենից կտրեաց զերկու աւանսն ի վանացն, եւ ետ գուսանի ումեմն կնոջ: Զոր, բարկացեալ հաւրն Կիւրղի, անիծեալ զիշխանն վասն կտրելոյ զգիւղսն ի վանացն: Իսկ յետ ամսոյ միոյ յորս ել-եալ՝ ընկէց զնա երիվարն, եւ եհան զոգին: Բայց որդին, թէպէտ եւ ետ զաւանսն, այլ ոչ էառ ի նմանէ հայրն մինչեւ ի գալ այս իշխանիս: Արդ այս իշխանս կշռեաց ԻԲՌ դա-հեկան. եւ ետ իշխանին Տարաւնոյ. եւ գնեաց զԿուառս եւ զՊարեխ, եւ ետ զնոսա վանացն վճռաւ. եւ երկու գիւղս յիւր գաւառէն, զԱրտամետ եւ զԳահ իշխանացն: Իսկ զորդին թողեալ առ Թոդիկ, գնաց ի գաւառն իւր. եւ ի վախճանիլն իւր՝ ետ տանել զինքն ի վանսն իննակնեան. եւ կայ ի կողմ արեւելից, Գ քայլ հեռագոյն յեկեղեցւոյն:

Ընդ այն ժամանակս սպանին զՈրմիզդ Պարսից ար-քայն, եւ Զամբ Խոսրով՝ որդի նորա, եկն փախստական ի Յոյնս: Եւ կնքեալ Քաղկեդոնի հաւատովն՝ դարձաւ զաւ-րաւք ի Մաւրկայ առ Պարսից գործաւորքն. եւ զերկիրն իւր առնոյր: Արդ՝ մինչ ի Յունաց գայր Խոսրով, առեալ զՄու-շեղ՝ զտէրն Մշոյ եւ Խութայ Տարաւնոյ իշխանն եւ Սասնոյ՝ հրամանաւն Մաւրկայ, տարեալ ի Դուին, եւ Հայոց մարզ-պան հաստատեաց՝ տուեալ ի ձեռս նորա զզաւրս Հայոց երեսուն հազար, գնաց ի Բահլ Շահաստան: Եւ ընդ Հայոց զաւրսն հպարտացան բնակել Յոյնքն, անցին գնացին ա-ւուր միոյ ճանապարհ ի դաստակերտ, եւ անդ իջին:

[This prince] returned to Karapet [the villages of] Kuarhs and Parex, since a certain impious prince of the Mamikonean house had shorn these two *awans*[9] from the monastery and given them to some *gusan*[10] woman. [The monastery's] abbot, Kiwregh, became incensed at this and cursed the prince for separating the villages from the monastery. After a month, when this prince was going to the hunt, his horse threw him and he gave up the ghost. Although the son returned the *awans*, nonetheless the abbot did not accept them from him until the arrival of this prince. The prince weighed out 22,000 *dahekans* gave them to the prince of Taron, bought Kuarhs and Parex and gave them to the monastery with a deed. In addition he gave two villages of his own district, Artamet and the village of the princes. Then he left his son with T'odik and went to his own district. When he died he had his remains taken to Innaknean [monastery] and he is buried three paces from the church on the eastern side.

At that time they killed the Iranian king Ormizd,[11] and his son Jamb Xosrov came as a fugitive to the Byzantines. Having been baptized in the Chalcedonian faith, he departed with troops from [the emperor] Maurice[12] [A.D. 582-602] to the Iranian officials, and took [his] country. Now when Xosrov was coming back from Byzantium, upon the order of Maurice he took to Duin Mushegh, lord of Mush and prince of Taron's Xut' and of Sasun, and established him as *marzpan* of Armenia, giving him 30,000 Armenian troops. [Xosrov] took 70,000 Byzantine troops and went to Bahl Sahastan. The Byzantines were too proud to encamp with the Armenian troops, so they went a day's journey distant to [a] *dastakert* and encamped there.

---

9   *awan:* hamlet.
10 *gusan:* minstrel.
11 Hurmazd IV, 579-590.
12 Maurice [A.D. 582-602].

JOHN MAMIKONEAN

Իսկ Նիխորճէս, որ զՈրմիզդն եսպան, գումարեալ զզաւրս Պարսից ութսուն հազար, եւ եկն ի վերայ Մուշեղայ: Իսկ քաջն Մուշեղ քաջալերեալ զզաւրսն, հազիւ հաւանեցոյց մտանել ի պատերազմ: Եդ բանս ի բերան զաւրացն Հայոց Մուշեղ իշխանն Մամիկոնենից եւ Հայոց մարզպան՝ ի բարեխաւս եւ ի յաւգնութիւն զսուրբ Կարապետն կոչել. Եւ միաբան զայս բանն ասացեալ՝ յարձակեցան ի վերայ զաւրացն Պարսից. Եւ ետ Տէր ի ձեռս նոցա զթշնամիսն: Զոր գիտացեալ Մուշեղայ՝ թէ նա է թագաւորն. նմա մատեաւ. եւ սկսան բախել իրերաց· Զոր յոյժ վաստակեցաւ Մուշեղ. սակայն զմահ եւ զկեանս առաջի եդեալ, բարձեալ զմուրճն ի վեր՝ իջոյց ի վերայ գագաթանն Նիխորճիշի, եւ ուղեղն ցնդեալ՝ ընդ քիթսն իջանէր: Եւ կտրեալ զգլուխն՝ ընկեաց ի մախաղն իւր: Եւ յորդորեալ զզաւրսն ի պատերազմն, եւ զաւրացեալ զաւրքն՝ առաջի եդին զնոսա ի փախուստ: Եւ կալան ԽԸ իշխան կենդանւոյն. եւ համար կոտորածին ոչ երեւէր վասն բազմութեանն: Իսկ արս Ռ ընդ իշխանացն ըմբռնեալ՝ մեծաւ յաղթութեամբ դարձաւ ի պատերազմէն:

Եւ իբրեւ ազդ եղեւ առ թագաւորն Խոսրով, խնդաց յոյժ: Իսկ զաւրքն Յունաց տրտմեցան մեծաւ ամաւթով: Իբրեւ կոչեաց թագաւորն զՄուշեղ, եւ պատրաստեցաւ տալ պարգեւս ամենայն զաւրացն, յղեաց առ Խոսրով արքայն Մաւրիկ, քանզի զնա թագաւորին փոխան էին կարգեալ, թէ՝ «Գիտե՞ս զայդ, որ արքայիդ մահու սպառնայ Մուշեղ»: Իսկ նա խորհեցաւ դարան մահու գործել նմա եւ արձակեաց կոչել առ ինքն զՄուշեղ: Եւ քոյրն Խոսրովու իմացեալ՝ ազդ արար Մուշեղայ զնենգութիւն եղբաւրն:

Now Nixorch'es, the one who had killed Ormizd, assembled 80,000 Iranian soldiers and marched against Mushegh. The brave Mushegh, having encouraged the troops, barely convinced them to enter battle. Mushegh, prince of the Mamikoneans and *marzpan* of Armenia, advised the Armenian soldiers to call on St. Karapet as an intercessor and support. Having done so in unison, they attacked the [rebel] Iranians, and the Lord gave the enemy into their hands. When Mushegh had discerned who the monarch was, he approached him and they started to fight each other. Mushegh was exhausted, but, placing life or death before himself, he raised up his club and brought it down on Nixorch'es' skull. His brains oozed out of his nostrils. He severed Nixorch'es' head and flung it into his pouch. The soldiers were encouraged in their fighting and grew more powerful. They put the enemy to flight, capturing 48 princes alive, while the number of the slain was unknown because of the multitude of them. Among the princes they captured 1,000 men, and with great triumph [Mushegh] returned from the battle.

As soon as king Xosrov was informed of what had happened, he rejoiced exceedingly. But the army of the Byzantines was grieved, feeling intense shame. Just when the king summoned Mushegh and was preparing to bestow gifts on all the soldiers, Maurice (whom the Byzantines had set up as emperor) sent [a message] to Xosrov, saying: "Are you aware of the fact that Mushegh threatens the king with death?" Now [Xosrov] planned to ensnare and kill Mushegh and he sent to have the latter summoned. However, Xosrov's sister, having learned [of the plot], informed Mushegh of her brother's treachery.

Իսկ Մուշեղայ առեալ ընդ իւր Խ իշխան, առանց այլ ուրուք, կազմեցան զաւրէն պատերազմի եւ սուսեր պատերազմի ընդ մէջ ածին: Եւ այնպէս եկին առ թագաւորն երիվարաւքն մինչեւ ի դուռն խորանին: Եւ ամենայն խստութեամբ տուեալ զպատասխանիսն եւ ի լոյս ածեալ զմահու դարանն՝ թքակոծեցին զնա, եւ զանմտութիւն նորա պարսաւեցին. Եւ յարուցեալ մեծաւ բարկութեամբ՝ իշխանաւքն հանդերձ, ել ի թագաւորէն: Իբրեւ լուաւ զայն թագաւորն, երկեաւ, քանզի մանուկ էր:

Իսկ իշխանն Մուշեղ արձակեաց առ Ցունաց զաւրապետն, եւ ասէ. «Կամեցայք դուք խորհել սպանանել զիս նենգութեամբ. արդ՝ մի՛ զարթուցանէք զառիւծ՝ որ ի քուն է, եւ մի՛ զգայլ՝ որ զիւր բարսն մոռացեալ է. Ապա թէ ոչ, այն որ զութսուն հազարսն յաղթահարեաց, կարող է եւ զեւթանասուն հազարդ սատակել»: Եւ ինքն թողեալ զզաւրսն ի Դուին՝ ի բաց եկաց ի մարզպանութենէն. Եւ առեալ զզաւրս իւր, որ ի Մամիկոնեան տանէն էին, եկն ի գաւառ իւր: Եւ յետ սակաւ ամաց սպան Փոկաս զՄաւրիկ, եւ ինքն նստաւ յաթոռ նորա:

Իսկ Խոսրով գնացեալ վրէժխնդիր Մաւրկայ, եւ եկեալ անցանէր ընդ Կարնոյ քաղաքն. Եւ արձակէ առ Մուշեղ իշխանն Տարաւնոյ պատգամս, եւ ասէ. «Արի ե՛կ ընդ իս ի դուռն թագաւորին Ցունաց, լինել վրէժխնդիր Մաւրկայ մահուանն. ապա թէ ոչ, ի դառնալն իմ զերկիրդ քանդեմ, եւ զքեզ կապանաւք տանիմ ի դուռն արքունի՝ կնաւ եւ որդեաւք»: Իսկ նա ոչ ինչ յղեաց պատասխանի առ նա, այլ սկսաւ ամրացուցանել զգաւառն:

Mushegh took along with him 40 princes, without anyone else, and they organized in war formation. With swords at the waist, they went to the king. Coming on horses up to the door of the tent, they responded in severity and exposed the assassination plot. They spat on him and ridiculed his foolishness. Then [Mushegh] arising in great anger with all the princes, left the king. As soon as the king heard [what they had said] he was frightened, for he was a youth.

Now prince Mushegh sent to the Byzantine general, saying: "You treacherously wished to slay me. Do not arouse a sleeping lion or a wolf which has forgotten its natural way of acting. Otherwise he who vanquished 80,000 can slay 70,000 too." He left troops in Duin and quit the *marzpanate*. He gathered his troops which were from the Mamikonean *tun*, and came to his own district. After a few years, Phocas killed Maurice, and sat on the throne himself [A.D. 602-610].

Xosrov went to avenge Maurice and, en route, passed by the city of Karin. He sent [a message] to Mushegh, the prince of Taron, saying: "Come with me to the court of the Byzantine emperor, and avenge the death of Maurice. Otherwise, on my return, I will destroy your country and take you in fetters to the royal court, with your wife and sons. Now Mushegh did not send any reply [to Xosrov], but instead began to fortify the district.

Եւ իբրեւ գնաց Խոսրով, էառ աւար եւ գերութիւն յերկրէն Յունաց. եւ անցեալ գնաց ընդ կողմանս Բասենոյ ի Դուին եւ ի Հեր եւ ի Բահլ: Բայց յորժամ եկին ի Կարին, առաքեաց Խոսրով զՄիհրան ի Տարաւն առ Մուշեղ իշխանն, զի կալցեն զնա եւ տարցեն ի Պարսիկս: Եւ հրաման տուեալ, զտեղին՝ յորս նա զհաւատսն ունէր՝ կործանել եւ զկրաւնաւորսն սպանանել. որոց եկեալ, զիրսն կատարէին:

When Xosrov went he took booty and captives from the country of the Byzantines and then passed to the Basen area, to Duin, Her and Bahl. But when [the Iranians] came to Karin, Xosrov sent Mihran to prince Mushegh in Taron that he capture Mushegh and take him to the Iranians. He commanded that those places where [Mushegh] had churches be destroyed, and that the clerics be kllled. Arriving there, those sent to accomplish this, did so.

Բ

Յառաջին ամին թագաւորութեանն Փոկասու, յորժամ մեռաւ Մաւրիկ արքայ դաւով ի ծառայէ իւրմէ, յիշեաց Խոսրով զուխտն Մաւրկայ՝ որ ի մէջ նորա եւ իւրն, եւ եկն էանց ի Յոյնս չորեքտասան բիւրաւք. Եւ բրեաց բազում աւանս եւ գաւառս, եւ դարձաւ: Իսկ զՄիհրան՝ քեռորդին իւր առաքեաց ի Տարաւն երեսուն հազարաւ: Եւ իբրեւ եկն նա ի գաւառն Հաշտենից, կալեալ զոմն առաջնորդ իւրեանց՝ անցեալ եկին մինչեւ յԱրձանն քարեայ: Իբրեւ ընթերցան զգիր արձանին, խորտակեցին զնա. Եւ ինքեանք ութ հազար այր անցին ի Մեղտի եւ յԱստղունս ամրոցն: Իսկ քըսաներկու հազարն դեռ յԱրձան անդր կային, դիտելով զփախստականսն: Իբրեւ գիտացին արքն եւթն, որք խոտաճարակքն էին, եկին ի վանսն, եւ զամենեսեան փախուցին զկրաւնաւորսն: Ոմանք փախեան, եւ ոմանք մնացին. բայց Պաւղիկարպոս զամենեսեան յուղարկեաց յամուրն Ողկան, եւ ի տեղւոջն զհայրն միայն զԹոդիկ արգել, եւ զսպասաւորսն եկեղեցւոյն. եւ հրամայեաց սպասաւորացն՝ տէրունական մարմնոյն կազմել զանձինս: Իբրեւ մատուցին զպատարագն եւթանեքին խոտաճարակքն, եւ հրամայեցին նշանագրի միում՝ որ եկեալ էր ի Յունաց՝ գրել զառ յինքեանց ասացեալսն.

Եւ յասել զամէնն, եկն ձայն յերկնից, որ ասէր. «Եղիցի՛ ձեզ՝ որպէս եւ կամիք: Եւ որ ոք վասն անուան իմոյ եւ Կարապետիդ պանդխտեսցի, հատուցից նոցա ի գալստեան իմում: Եւ դուք եկայք ի տեղիսն լուսեղէնս, զոր պատրաստեցէք ճգնութեամբ ձերով»: Եւ լուեալ սրբոցն՝ երկիր պագին առաջի սրբոյ սեղանոյն:

II

In the first year of the kingship of Phocas [A.D. 602] (one of the servants of Maurice who had treacherously killed the emperor and sat on his throne), Xosrov recalled the oath he had made with Maurice and came to Byzantium with 140,000 troops. He dug through many *awan*s and districts and then turned back. Now he sent his sister's son, Mihran, to Taron with 30,000 men. As soon as he arrived in the Hashtenic' district, he captured someone to serve as their guide, and they came as far as the Inscribed Stone [at Arjan]. Having read the characters of the inscription they destroyed it, and 8,000 of them went on to Meghti and Asteghunk' stronghold, while 22,000 remained at Arjan watching the fugitives. As soon as seven men who were vegetarians, learned [about the situation], they came to the monastery and made all the clerics flee. Some fled and some remained. But Poghikarpos sent everyone to Oghkan stronghold, keeping only abbot T'odik and the church attendants in the place. And he ordered the attendants to ready themselves for communion. Once the seven vegetarians performed mass, they ordered a secretary who had come from Byzantium to record what they said.[13]

Having said "Amen," a voice came from Heaven which said: "Let it be as you wish. Those who for My sake and for Saint Karapet have dwelled apart, I shall repay upon my [second] coming and I shall forgive their sins. For I am merciful to all. Now come to the place of light which you have readied [for yourselves] through your asceticism." When the blessed men heard this, they worshipped before the holy altar and then went outside.

---

13 We omit the translation of the prayers on pp. 17-19.

Եւ ելեալ արտաքս եւ գնաց Պաւղիկարպոս առաջի սրբոյ խաչին եւ անդ սկսաւ աղաւթել եւ աղաչել զԱստուած՝ վասն խաղաղութեան ամենայն աշխարհի, եւ զեկեալ թշնամին խորտակելոյ, եւ աղքատաց մնալ ի տեղիս իւրեանց: Եւ յանկարծակի հասին զաւրքն Պարսից. իբրեւ եկին ի զՊաւղիկարպոս, վաղվաղակի հատին զպարանոց նորա եւ ընկեցին առաջի խաչին: Եւ ինքեանք փութապէս եկին մինչեւ ի դուռն եկեղեցւոյն, եւ տեսին զկրաւնաւորսն յարտասուս եւ յաղաւթս պարապեալ. Եւ յարձակեալ ի վերայ՝ զկոտորեցին զհնգեսին զայն: Ոյոց անուանքն են այսոքիկ.

Թէովնաս,

Պաւղիկարպոս,

Սիմէովն,

Յովհաննէս,

Եպիփան,

Դիմառիոս,

Ենարկիոս:

Սոքա եւթանեքեան կատարեցան ի զաւրացն Պարսից Միհրանայ, յամսեանն քաղոց՝ որ աւր չորրորդ էր, յաւուր հինգշաբաթի, յիններորդ ժամու. Եւ ինքեանք մնացին ի տեղին մինչեւ ցառաւաւտն: Բայց զդուռն եկեղեցւոյն ոչ կարացին գտանել, զի ծածկեաց Տէր ի նոցանէ. Եւ սկսան մրճաւք հարկանել, եւ ոչ գտին: Եւ զարհուրեալք ի դիւաց՝ փախեան ի տեղոջէն, զի գիշեր էր.

Poghikarpos went before the holy Cross and began to pray and beseech God for the peace of the entire land, the ruin of the enemy which had come, and for the poor remaining in their places. Suddenly the Iranian army arrived. As soon as they saw Poghikarpos, they quickly cut his neck and threw his body in front of the Cross. Quickly coming as far as the church door and seeing the clerics there weeping and praying, they flung themselves upon the seven and cut them down. Their names were as follows:

T'eovmas,
Poghikarpos,
Simeon,
Yohannes,
Epip'an,
Dimarhios
and Enarkios.

These seven were killed by the Iranian troops of Mihran on the 4th day of the month of K'aghoc',[14] which was Thursday, at the 9th hour. And [the Iranian troops] remained there until morning. But they were unable to discover the church door, since the Lord hid it from them. They started to strike about with mallets, but did not find the door. Then terrified by *dew*s, they fled the place, for it was nighttime.

---
14 *K'aghoc'*: December-January.

Եւ մարմինք սրբոցն անկեալ կային ի տեղւոջն զերիս աւուրս անթաղ, քանզի փախեան ամենեքեան։ Եւ յետ երից աւուրց եկին սպասաւորք սուրբ եկեղեցւոյն եւ հայրն Թոդիկ. եւ տեսեալ զնոսա՝ զի վախճանեալ էին, եւ յարտասուս եղեալ՝ տրտմեցան յոյժ։ Ապա առեալ զնշխարս նոցա իջուցին ի կողմն հարաւոյ ի մէջ դրախտին, եւ անդ փորեցին զերկիր, եւ իջուցին զնոսա ի գերեզման առ Անտաւն եւ Կրաւնիդէս, որք զկնի սրբոյն Գրիգորի ելեալ էին ի Կեսարիոյ. ւ կանգնեալ նշան տէրունական ի վերայ նոցա, բազմաց բժշկութիւնս լինէր ի տեղւոջն։

Իսկ ոմանք հասեալ ի Մուշեղայ իշխանէն՝ տեղեկանալ վասն զաւրացն, իբրեւ տեսին զնոսա կոտորեալս, հիացան եւ փութանակի երթեալ պատմեցին զիրսն իշխանին Մուշեղայ։ Եւ նորա լուեալ՝ զաւուրս երիս իբրեւ զմեռեալս գնէր անխաւս։ Իսկ զաւրքն մատուցեալ թուղթ քրիստոնէական աւրինաւք եւ մխիթարութեամբ, ասելով.

«Ո՜վ ճշմարիտ շառաւեղ երանելի յուսոյն, երջանիկ սպարապե՛տ, մի՛ տրտմիր վասն նոցա. զի աղաւթիւք իւրեանց՝ ամուր աշտարակ եղեն աշխարհի, բարեխաւսք եւ ազնականք առ Աստուած։ Բայց դու առաւել գոհութիւն մատո՛ Աստուծոյ, որ ի քում ժամանակի յայնքան ատիճան առաքինութեան հասին, եւ հանգստեամբ փոխեցան առ Աստուած մարտիրոսական մահուամբ յաշխատութենէ ի հանգիստ, ի խորաքուտ կենաց ի դրախտն փափկութեան, եւ մեզ միշտ բարեխաւսք։ Արդ արի սթափեաց, եւ զեկեալդ ի վերայ մեր զՄիհրան յուղարկեսցես»։

Իսկ նորա որպէս ի քնոյ զարթուցեալ, հրամայեաց կոչել առ ինքն զՎահան, զոր իշխան էր արարեալ Տարաւնոյ մինչ ինքն Հայոց մարզպան եղեւ։ Եւ ասէ ցնա.

The bodies of the fallen saints remained unburied where they had fallen for three days, since everyone had fled. After three days the church attendants and abbot T'odik came and saw those who had died. They were overcome with grief and wept. Then they took the remains and buried them in the garden on the south side, by the graves of Anton and Kronides who had come from Caesarea, following St. Gregory. They then erected a cross over them, and many healings were associated with that spot.

Now some people had come from prince Mushegh in order to learn about the [Iranian] troops. When they saw the destruction which had been wrought, they were stunned and swiftly went and informed prince Mushegh. When he heard about it, he remained silent as a corpse for three days. The troops gave him a letter [containing] the Christian laws and consolation, and they said:

"Oh blessed *sparapet*, righteous offspring of blessed hope, do not grieve for them. For their prayers will be a secure fortress for the land, intercessors and aid for us to God. You should thank God the more that in your lifetime those men achieved such virtue, and were peacefully translated to God with martyrs' deaths—from labor to tranquility, from a life of eating plants, to the softness of Paradise. They shall always be intercessors for us. But now be consoled, and dispatch Mihran who has come against us."

Then [Mushegh], resembling someone awakening from sleep, ordered that they summon Vahan (whom he had made prince of Taron while he himself was the *marzpan* of Armenia). And [Mushegh] said to him:

«Որդեա՛կ Վահան, դու գիտես զաւուրս կենաց իմոց, որ այս ՃԻ ամ է, որ ես պատերազմ եմ մղեալ եւ սլաքով եմ սրբեալ զարիւնն ի ճակատէս փոխանակ քրտանցն: ՉԳ ռազմ անձամբ իմով եմ կարգեալ եւ մղեալ: Եւ այժմ ծեր եմ եւ դողդոջուն, եւ աւգնական իմ Աստուած է եւ դու, եւ ո՛չ այլ ոք. զի որդին իմ մեռաւ երկոտասանամեայ: Եւ արդ, որդեա՛կ, դի՛ր զայս ի մտի քում, զի եթէ ի վերայ քրիստոնէից մեռանիս եւ եկեղեցւոյ, մարտիրոս ես, իսկ եթէ ի վերայ մարմնաւոր իրաց՝ այն քեզ անուն քաջութեան է: Զի ես այլ ժառանգ ոչ ունիմ, եւ երկիրս քեզ եղիցի, եւ զաւակի քում յետ քո: Արդ՝ արի եւ գնա, եւ իմաստութեամբ որսա զնա, եւ սուրբ Կարապետն լիցի՛ քեզ աւգնական եւ պարիսպ եւ աղաւթք սուրբ կրաւնաւորացն՝ յաջմէ եւ յահեկէ»:

Իսկ Վահան յանձին կալեալ զիրսն՝ սկսաւ դեսպանս կազմել եւ առ նա յուղարկել, զի հաշտեսցի եւ գնասցէ: Իսկ նա ասէ. «Ոչ, այլ մինչեւ զիշխանն Մուշեղ ոչ կալեալ տանիմ ի Պարսիկս առ արքայն, ո՛չ գնամ աստի»: Իսկ Վահան արձակեալ՝ ասէ. «Եթէ զերկիրս ինձ տաս տէրութեամբ եւ իշխանութեամբ, ես տաց զՄուշեղ ի ձեռս քո. եւ ես ինքս առ քեզ գամ ապստամբութեամբ ի նմանէ եւ հատանեմ զերկիւղ ի պատեհութեան». եւ նորա կոչեալ, քանզի յաւժարէր իրացն: Եւ ինքն իջանէր ի Մուշն աւանի, եւ Մուշեղն՝ յամուրն Ողկան:

Արդ այն զաւրքն, որք զկրաւնաւորսն կոտորեցին, անցեալ գնացին յԱստղաւն ամրոցն. կացին աւուրս երկու եւ ոչ ինչ կարացին առնել: Ապա գնացին առ Միհրան եւ ծանուցին զամենայն ձեւ ամրոցին: Իսկ իբրեւ եկն Վահան առ Միհրան, խնդրեաց ի նմանէ զԱստղաւնս: Եւ Վահան ասէ.

"My son Vahan, you know that throughout the 120 years of my life I have been waging war, wiping blood rather than sweat from my forehead with the blade, and [you know] that I personally have arranged and waged 83 battles. Now I am old and quavering. My helpers are God and you, and no one else. For my own son died at 12 years of age. Now, my son, remember this: if you die for the sake of Christianity and for the Church you will be a martyr, and if you fall in battle over material things, do it bravely. For I have no other heir. My country belongs to you and to your descendants after you. Now go and hunt [Mihran] wisely and may St. Karapet be your aid and buttress and may the prayers of the holy clerics be on all sides of you."

Vahan accepted the assignment. He started to organize emissaries and to send them to [Mlhran] so that he be reconciled and depart. But [Mihran] replied: "No, I shall not leave until I capture prince Mushegh and take him to the king of Iran." Now Vahan sent to him saying: "If you give me the lordship and authority of the country, I shall hand over to you prince Mushegh and I shall come to you, having rebelled [from Mushegh] striking fear [in him] at an opportune time." [Mihran] summoned [Vahan], for he was pleased with the proposal. Then he descended to Mush *awan* while Mushegh was in Oghkan stronghold.

Now the soldiers who had slain the clerics went against Astghon stronghold and remained there for two days, but since they were unable to take it, they went to Mihran and revealed to him all the details regarding the lay of the stronghold. As soon as Vahan arrived, Mihran requested Astghon from him, but Vahan replied:

«Ո՛չ այդպէս, տէ՛ր. այլ տո՛ւր ի ձեռս իմ չորեք հազար այր, որ գնամք ի վերայ ամուր բերդիցն՝ ուր մտերիմքն նորա եւ գանձքն. գուցէ բռնացեալ՝ ոչ տայցեն ի ձեռս իմ՝ ապստամբ զիս կարծելով. այլ այժմ երթիցուք նախ յԱւձ քաղաք, եւ ապա յայլ ուրեք»:

Իսկ Միհրան տուեալ ի ձեռս նորա չորս հազար ընտիր առնեւձիոյ, եւ նորա առեալ տանէր մինչեւ ի դուռն Աւձ քաղաքին, ի ներքս նենգութեամբ դարան մահու գործեալ՝ ի ձեռս գալ զաւրացն: Եւ առ փաղիւն բանս արարեալ քաղաքին՝ ի ներքս առնուլ զզաւրսն Պարսից. Եւ քանզի նուրբ էր մուտ քաղաքին՝ սակաւ սակաւ կարէին մտանել ի ներքս: Եւ որք ընդ դուռն յայնկոյս անցանէին, զայն ի տունս արկեալ՝ ի զգեստիցն կողոպտէին եւ զգլուխսն կտրէին. եւ արտաքոյ պարսպին յաներեւան տեղիսն ի խորսն լնուին: Եւ ի չորեք հազարէն յիսուն այր էր թողեալ ի Խարձ կոչեցեալ գեւղն. Եւ նշան տուեալ էր, թէ՝ «Յորժամ զոք ի ձեզ յուղարկեմ, ի Միհրան գնացէ՛ք եւ այլ զաւրս ածէ՛ք»: Եւ այնպէս արարեալ՝ եւ յղեաց` թէ «Այլ զաւրս տո՛ւր»: Եւ նոքա դարձան առ Միհրան եւ առին ի նմանէ երկու հազար այր ընտիր եւ եկին առ Վահան: Եւ նա այնպիսի գործ հնարեաց, զոր ոչ կարացին գիտել Պարսիկքն:

Արդ՝ յորժամ եկին ի դուռն Մաւրացն, Վահան զՊարսից զաւրացն զերիվարսն եւ զհանդերձսն տուեալ էր քաղաքացեացն. ի դուռն կոչեաց զնոսա, եւ ետ խրատ՝ թէ «Յորժամ նոքա ի ձեզ հային, դուք միաբան ի քաղաքն դարձէ՛ք, եւ ի ներս մտեալ՝ զյաղթութեան փողն հնչեցուցէ՛ք. եւ զդուռն քաղաքին ի բաց թողէ՛ք, զի նոքա կարծիցեն, թէ առին զքաղաքն»: Եւ արարին այնպէս:

"It should not be done that way, lord. Instead, give me 4,000 men so that I may go against the secure fortresses where [Mushegh's] close ones and treasures are kept. Perhaps if I am forceful, they will not surrender to me thinking me a rebel. Now let us first go to Oj[15] city, then elsewhere."

Mihran gave 4,000 select cavalrymen to him, and he took them to the gates of Oj city. [Vahan, in the meantime,] had conspired with those inside the city—to set a deadly snare, to trap the soldiers. In the morning he arranged with the city to let the Iranian troops inside. Since the access was narrow, only a few soldiers at a time were able to enter. Meanwhile, those inhabitants on the other side of the entry were seizing those entering and throwing them into houses, where they robbed them of their clothing and beheaded them. They threw the bodies into a ditch which could not be seen, outside the wall. Now of the 4,000 soldiers, [Vahan] had left 50 men in the village called Xarj with the instructions that when he sent someone to them they should go to Mihran and ask for more troops. Vahan sent to the 50 men for more soldiers. They returned to Mihran and got 2,000 select men from him and went back to Vahan. And Vahan worked in such a way that the Iranians were unable to know what he was doing.

Now when they had come to the gates of Morac', Vahan gave the citizens the Iranians' horses and clothing, summoned the people to the gates and advised them that as soon as the Iranians caught sight of them, they should head into the city together, sounding the trumpets of victory and leaving the gates open so that the Iranians would think that [their own side] had taken the city. And they did just that.

---

15   *Oj:* Snake.

Արդ՝ իբրեւ տեսին Պարսիկքն, զի դիմեցին նոքա միաբան ի քաղաքն, խնդացին յոյժ. Դիմեցին եւ նոքա ի քաղաքն, եւ սկսան մտանել: Իսկ Վահան փութով ընդ առաջ եկեալ զաւրացն՝ աւետիս տայր. եւ քսան այր ի Պարսիկ զաւրացն աւետաւորս առաքէր առ Միհրան, թէ՝ «Առաք զքաղաքն»: Եւ ինքն դարձաւ զհետ Պարսից զաւրացն: Եւ իբրեւ բազումք մտին ի քաղաքն, եւ այլքն դեռ մտանէին, սկսան կասկած առնուլ զիրացն, եւ կամէին յետս դառնալ: Իսկ Վահան զհետ մտեալ՝ սկսաւ կոտորել, եւ ի մաւրսն լնուլ: Նւ ինքն աստի, եւ քաղաքացիքն անտի՝ քառասուն այր մաւրահեղձ արարին. Եւ զայլսն ի քաղաքն արգելեալ, կտրել տայր զգլուխսն. եւ ի պարիսպն հանէին: Եւ արարեալ համար յաւուր յայնմիկ՝ գտին զգլուխս ՋՌ՝ պակաս երկու: Եւ հրամայեաց զամենեցուն զքիթսն կտրել եւ զթըլփատսն, եւ արկանել ի մախաղ:

Եւ ինքն առեալ զզաւրս իւր արս եւթնհարեւր, եկն ի Մուշն աւան. Եւ երեք հարեւր այր թողեալ յանցս Մեղուայ եւ երկու հարեւր այր աշտենաւոր թողեալ ի Սանասայ ի Ծծմակն, եւ ինքն երկու հարեւր այր առեալ ընդ իւր, եկն առ Միհրան. Եւ մտեալ ի սենեակն՝ խաւսեցաւ ընդ նմա այսպէս եւ աւէ. «Ես փախստական եկի ի քո զաւրացն առ քեզ. զի ո՛չ ի քաղաքն թողին զիս, եւ ո՛չ աւարամասն ետուն մեզ. Այլ եւ զիմ զաւրսն ի քաղաքն արգելին, եւ ես փախստական գամ»: Իսկ Միհրան խորհեցաւ Ռ այր արձակել ի վերայ նոցա. Եւ Վահան աւէ. «Եւ ի քէն իսկ ապստամբեալ են. քանզի զաւար քաղաքին եւ զկապուտն առեալ, եւ կամին ի Յոյնս անցանել»:

When the Iranians saw people entering the city in a body they were delighted and they too began to enter. Now Vahan hastily came before the [Iranian] soldiers and gave them glad tidings, and sent 20 of the Iranian troops to take to Mihran the good news that they had seized the city. Then he himself returned [to the city] with the Iranian troops. As soon as many of them had entered the city and others were still entering, they began to get suspicious and wanted to turn back. Now Vahan followed and started to cut them down and throw them into the marsh. Vahan on one side, and the city's inhabitants on the other side, caused 40 men to drown in the marsh. Other [Iranians], trapped inside the city, were beheaded and their severed heads were ranged on the wall. And that day a count was made: 6,000 less two heads were discovered. [Vahan] ordered that all the noses and foreskins of the slain be cut off and thrown into pouch(es).

Then [Vahan] took his 700 men and came to Mush *awan*. He left 300 men at Meghu pass and 200 lancers at Ccmak in Sanasun[16], while he came to Mihran with 200 men. He entered [Mihran's] chamber and spoke with him as follows: "I have come to you as a fugitive from your troops for they neither let me into the city nor would they give us our share of the booty. Instead, they detained my men in the city and I have come as a refugee." Now Mihran resolved to send 1,000 men against them, but Vahan said: "They have even rebelled against you, for after taking the booty and plunder from the city, they plan to pass over to the Byzantine side."

---

16 Two *mss*: i Sasanay; one *ms*: i Sarasanay.

Իսկ Միհրանայ առաւել բարկացեալ, հրամայեաց երկու հազար այր արձակել ի վերայ նոցա: Եւ Վահան խրատ տայր զաւրացն՝ ի գիշերի մի՛ անցանել ընդ գետն Մեղտեայ, այլ իջեւանս առնել եւ վաղին ապա գնալ. «Գուցէ որք թշնամի, ասէ, յարձակիցի. եւ դուք չէք ընդել վայրուցն»: Եւ ասէ ցնոսա. «Հազար այր գնացէ՛ք ընդ Ծծմակն, եւ հազար՝ ընդ դաշտն»: Եւ տուեալ նոցա առաջնորդ, եւ ինքն ել ի Միհրանայ, գնաց յուղարկել զնոսա:

Եւ իբրեւ գնացին յեզր գետոյն Մեղտեայ, յայն կոյս իջոյց զնոսա ի քուն առնել. Եւ ինքն ի պատրաստի արարեալ զդարանակալսն, հրամայեաց ծառայիցն զերիվարսն կտրել յարաւտոյ պատճառանաւ, եւ զնոսա յանհոգս առնել: Եւ յանկարծակի հնչեցուցին զփողսն յետոյ եւ յառաջոյ, եւ ի մէջ առին զնոսա. Եւ ի սակաւ ժամու բարձին զգլուխս նոցա եւ ի գետ անդր ընկեցին, եւ մի որք ոչ կարաց զերծանել. Եւ զերիվարսն առաջի եղեալ, ի Ծծմակն անցուցին: Եւ մինչ նոքա զայն պատերազմն անցուցին եւ վճարեցին, եւ յառաջսն եկին այսուց, եւ նոքա դեռ չէին եկեալ ի Ծծմակն, եւ կային մնային մինչ նոքա եկին եւ յանհոգս եղեալ իջին, զի զայն խրատ տուեալ էր Վահանայ: Եւ ապա կալեալ զխելս կամրջին, եւ ձայն սաստիկ հնչեցուցին շուրջանակի զնոքաւք, եւ սկսան յանխնայ կոտորել զնոսա. եւ մի ի նոցանէ ի մաւրն թագուցեալ, հեծեալ յերիվարն՝ փախեաւ ի Մուշ:

At this Mihran became all the more angry and ordered that 2,000 men be sent against them. Vahan advised the troops not to ford Meghti river at night, but to encamp and cross the next day. "Perhaps some enemy," he said, "may attack and you are unfamiliar with the terrain. Let 1,000 men go by way of Ccmak, and 1,000 by the plain." Giving them guide(s), and taking leave of Mihran, he went to put them on their way. As soon as they reached the spot where he had ordered them to separate he sent 100 men with the body going via Ccmak and he with 100 men went after them.

As soon as they reached the bank of the Meghti river, [Vahan] encamped his men so that they might sleep. Then he, preparing his trap, ordered [his] servant(s) to loose the horses for pasturing, and not to pay further attention to them. Then suddenly they sounded the trumpets before and behind [the Iranians], trapping them in the middle. In a few hours they had their heads, which they threw into the river. No one was able to escape. Then with the [slain Iranians'] horses before them, they passed on to Ccmak. While they had fought and won this battle and were advancing, yet before they had come to Ccmak, [Iranian troops] remained there encamped without a thought until [Vahan's men] came, for Vahan had so advised them. Seizing the bridgehead, a loud sound was given around them and [the Vahaneans] began to cut [the Iranians] down mercilessly. Now one [of the Iranians who] had hidden himself in the marsh, mounted a horse and fled toward Mush.

JOHN MAMIKONEAN

Զորոյ զհետ մտեալ երկուց ոմանց եւ յայնկոյս գետոյն ջախեցին զգլուխ նորա, եւ ուղեղն ընդ քիթն իջանէր, եւ մի ընկերն առեալ աւազ՝ մատուցանէր, եւ ասէր. «Պարսից խորտկարա՛ր, ա՛ռ զաղս»: Եւ կոչեցաւ անուն տեղոյն այնորիկ Առաղս մինչեւ ցայսաւր. զոր եւ աւան իսկ շինեաց: Եւ Վահանայ ի մաւրին տուեալ զնոսա, ոմանք այլ ոչ կարացին ելանել, եւ ոմանք ի ջուրն անկեալ՝ խեղդեցան: Եւ զորս ի ցամաքն սպանին, զքիթսն եւ զթլփատսն կտրէին եւ պահէին. եւ զգլուխսն ի մաւրն անդր եւ ի դաշտն ընկենուին:

Եւ ժողովեալ զերկու հազար երիվարսն՝ ետ տանել յԵղանց բերդն, զոր դեռ Եղնուտն կոչեն:

Եւ ի վաղիւն դարձեալ եկին առ Միհրան: Եւ Վահան հրամայեաց ծառայից իւրոց՝ ճաշ առնել, եւ զՄիհրան կոչել: Իսկ նա վասն խաւթութեան պատճառանաց ի սենեակն մտեալ եւ զՎահան միայն թողոյր առ իւր: Իսկ Վահան դռնապան եղեալ եւ զիշխանսն որք գային դարձուցանէր՝ ասելով. «Հայոց մարզպանն չկարաց գալ ի ճաշն»: Իսկ նոցա ժողովեալ ի տաճար մի՝ ընդ գինի մտին: Եւ Վահանայ առեալ զմախաղն, ուր քիթքն եւ թլփատքն կային, ետ բերել ծառայի մի առաջի իւր: Իսկ նորա զարհուրեալ՝ ասէ. «Զի՞նչ է այդ, զրոյց տուր ինձ»: Եւ նա կարգաւ պատմեաց նմա ստուգիւ:

Two men took off after him, and crushed his head on the other side of the river. His brains spilled out of his nostrils. The other man took up some sand and, offering it [to the corpse] said: "Take this salt, Iranian cook." And thereafter that spot was called Arhaghe ("take the salt") until today. An *awan* was even built there. As for those whom Vahan had driven into the marsh, some were unable to get out, while others fell into the water and drowned. [Vahan's men] cut off and kept the noses and foreskins of those who fell on the land, throwing the heads into the marsh and onto the field.

Then, rounding up 2,000 horses, [Vahan] had them led to Eghanc' fortress (which is still called Eghnut).[17]

The next day, once again he came to Mihran. Vahan ordered his servants to prepare a meal and to call Mihran. Now the latter because of illness, had taken to his room and allowed only Vahan to come to him. Vahan was [pretending to be] the door man and he turned away those princes who arrived, saying: "The *marzpan* of Armenia was unable to attend dinner." So these men gathered in a *tachar*[18] and soon were in their cups. Vahan took the pouch containing the noses and foreskins and brought it before [Mihran]. Now [Mihran] was horrified and exclaimed: "What is this? Tell me!" And [Vahan] accurately narrated the whole story, step by step, not concealing a single thing from him.

---

17 Three *mss.* Oghnuberd, Oghnut.
18 *tachar:* here, banquet or hall.

Իսկ նորա բարկացեալ, առեալ զտէգն ի ձեռանէ ծառային, եւ կամէր հարկանել զՎահան: Եւ նորա ձգեալ զձեռն իւր ի սուրն՝ որ առաջի կայր, կտրեաց զթլփատն նորա եւ եդ ի բերան նորա, եւ եդ ի բերան նորա, եւ ասէ. «Դո՞ւ ես, որ թշնամանէիր զԱստուած եւ զկրաւնաւորսն իմ զսիւնսն աշխարհի սպանանել տայիր»: Եւ կտրեաց զքիթըսն, ցուցանել աչացն. եւ պատառեալ զփորն՝ ետ ծառային հանել զլեարդն եւ դնել ի բերանն: Եւ հարեալ զդանակն ի փողսն՝ ետ թողուլ ի ցից:

Եւ մինչ լոկ որ զթլփատն կտրեաց, ասէ. «Ցո՛յր բանից նիշ եւ պատուէր ի Պարսիկն, որ յԱպահունիս, եւ ես ապրեցուցանեմ զքեզ»: Եւ նորա տուեալ բանից նշան եւ պատուէր՝ երդմամբ ասացեալ, զոր նա եւ նա միայն գիտէին: Եւ իբրեւ ասաց զիրսն, առեալ զդանակն՝ եհար ի սիրտն, եւ անդէն մեռաւ: Իսկ ծառային առեալ զարիւնոտ զգեստըն պահէին: Եւ զարիւնն մաքրեալ եւ կողմնեցուցեալ ի մահիճսն, քնոյ պատճառանաւք ծածկէին: Եւ ինքն կոչեաց զպարսիկ դպիրն Միհրանայ ի սենեակն. Եւ ետ գրել ողջոյն եւ նշանաբան, թէ՝ «Ցետ երից աւուրց ե՛լ ի բլուրդ, որ ի վերայ Կոթ ձորոյն՝ հազար արամբք միայն, զի տեսցուք զիրերարս»: Եւ դպիրն գրեաց որպէս ասաց նմա Վահան, եւ եդ զմատանին Միհրանայ ի վերայ. Եւ կոչեաց ի ծառայիցն Միհրանայ տասն այր հաւատարիմ եւ ետ տանել զթուղթն առ Վաշիր՝ որ զհազար արսն ունէր ընդ ինքեան, եւ յԱպահունիս էր. եւ առեալ զթուղթն գնացին: Իսկ Վահան կոչեաց զնուիրակն, եւ ասէ. «Երթ կոչեա՛ զայս անուն իշխան»: Եւ կոչեաց.

[Mihran] became enraged, seized a spear from his servant's hands and wanted to strike Vahan. But [Vahan] took the sword which was before him, cut off [Mihran's] foreskin, put it in [Mihran's] mouth and said: "So you're the one who insulted God and who had the pillars of the land, my clerics, slaughtered." Then he cut off [Mihran's] nose and showed it before his very eyes. He tore open [Mihran's] stomach, had the servant remove the liver and stick it in [Mihran's] mouth. Plunging the knife into the stomach, he left it in there, standing upright.

When he had only cut off the foreskin, he said: "Give me the password respected by the Iranians at Apahunik', and I shall let you live." [Mihran] gave him the respected password, said with numerous oaths which only the two men knew. As soon as he said it, taking the knife [Vahan] plunged it into his heart and he died there. [Vahan's] servants took and kept his bloody clothes, cleaned the floor of blood and positioned him in bed and covered him as though he were asleep. Then [Vahan] himself summoned to the room Mihran's Iranian secretary and bade him write greetings and the password [to the general at Apahunik', to the effect that] after three days the latter should mount the hill above Kot' valley with only 1,000 men so that they might see each other. The secretary wrote as Vahan said. He stamped the letter with Mihran's seal-ring and called out 10 of Mihran's loyal servants, giving them the letter to take to Varshir who had 1,000 men with him, and was in Apahunik'. Taking the letter, [the messengers] departed. Now Vahan called [Mihran's] nuncio and told him: "Go summon such and such prince." And he did so.

եւ իբրեւ գայր իշխանն եւ մտանէր ընդ փողոցն խաւարչտին միայն, վեց այր աստի եւ անտի կային: Եւ մինչ դեռ կամէր մտանել ի սենեակն, աճապարեալ ունէին զփողոցն, զի մի՛ ձայն ինչ բարձցէ ի մեւսն. եւ հարեալ դանակ ի սիրտն, ի միւս այլ սենեակն ձգէին զդին. ուր եւ զնուիրակն եւ զդպիրն վասն պատճառանաց իւրաց արկանել ետ ի բանտն:

Եւ ինքն սկսաւ կոչել զիշխանսն խաբէութեամբ ի խորհուրդ, եւ նենգով այնպէս առնէր: Եւ եսպան յաւուր յայնմիկ իշխանս ութսուն եւ վեց: Եւ իբրեւ վճարեցան իշխանքն, գընաց ինքն ի տաճարն, ուր զաւրքն էին Պարսից. եւ ժողովեաց զնոսա, ի ներս եւ զիւրն եւ զայլ գաւառին մարդիկն արտաքս եհան: Եւ ինքն սկսաւ զնոսա վտանգել բանիւ, թէ՝ «Արժա՞ն էր ձեզ զմարգարտեայ պսակն զմարզպանին գողանալ: Արդ՝ հրամայեալ է զձեզ զամենեսեան մերկ առնել, մինչեւ ցուցանէք»: Եւ հանեալ զամենեցունց հանդերձսն՝ արգել զնոսա ի տաճարին, եւ ի միւս տաճարին՝ այլ արս ՌՋԳ: Եւ փակեալ զդրունս տաճարացն, ետ բերեալ զգլուխն Միհրանայ՝ կախեալ ընդ երդն, ցուցանէր նոցա՝ ասելով.

«Այս այն գլուխն է, որ խորհէր զՍուրբ Կարապետն հիմն ի վեր առնել, եւ զկրաւնաւորսն հրով այրել»: Եւ հրամայեաց վառել զերկոսին տաճարսն եւ ասէ ցնոսա. «Դուք ինձ վնասակարք էք, որք զտաճարսն այլ յայրել էք ի տալ: Բայց թէ կամի Աստուած եւ սուրբ Կարապետն, ես զայս փայտս յապաշաւել եմ թողեալ. սակայն ընդ ձեր եւ ընդ ձեր թագաւորին կառափն հանեմ. զի ես աշխատեալ եմ ի շինելն, եւ դուք մերկք էք եւ ցրտացեալք.բայց վասն իմ մեղացն թողութեան եւ վասն իմ հարցն ջեռարո՛ւք, ասէ, եւ մի՛ ամաչէք. Եւ տունքդ այդ գերեզմանք ձեզ եղիցի շնորհաւ Պարսից արքային»:

When the prince came and entered the darkened street, there were only six men about here and there. While he wished to enter Mihran's room, they quickly seized the trumpets so that no sound would be broadcast to the others. They stabbed a knife into his heart and threw the corpse into the other room where the nuncio and the secretary had been put in jail on pretexts.

[Vahan] himself began to summon the princes to council, and so took them by deceit. On that day he killed 86 princes. As soon as he had finished with the princes he went into the *tachar* where the [Iranian] troops were. He assembled these men inside, taking outside his own people and people from other districts. Then he started to expose them saying: "Was it proper for you to rob the pearl-adorned crown of the *marzpan*?" Then he ordered them all to strip to see [whether they had stolen anything]. Removing all the clothes, he shut [the Iranians] up inside the *tachar*. In another [*tachar* he detained] 1,903 men. Shutting the doors of the *tachar*s, he had the head of Mihran brought and hung in front of the open window. Showing it to them he said:

"Here is the head which thought to demolish the blessed [church of] Karapet and to burn the clerics to death." Then he ordered both *tachar*s burned and said to [the Iranians]: "You bother me for forcing [me] to have the *tachar*s burned. But if God and St. Karapet wish it, I shall leave this wood to atone. But I will behead you and your king. For I labor to build, and you are naked and chilled. But burn for the remission of my sins and for those of my fathers, and be not ashamed; and let these houses be your tombs, thanks to the Iranian king."

Եւ բորբոքեալ բոցն ճարպովն, մինչ զի քաղաքն արբեալ լինէր ի հոտ ճենճերաց նոցա: Եւ ինքն ժողովեալ զկապուտ եւ զգանձս, ետ տանել յամուրն Ողկան: Եւ զիշխանսն Մուշեղ ածել ետ: Եւ ինքն առեալ հազար այր՝ գընաց ընդ առաջ Վաշրայ: Եւ երթեալ ի վերայ լերինն՝ ընդ երիս դեհս դարան գործեաց: Եւ զդպիրն եւ զնուիրակն առաքեաց առ Վաշիր անդ: Եւ նոքա երթեալ կոչեցին զնա, զի իջեալ էր յեզր Ծիայ ծովուն: Բայց նուիրակն եւ դպիրն ոչ ինչ գիտէին յիրացն, զի Վահան ոչ ետ մատել ի զաւրսն, այլ առանձին յետոյ գային:

Եւ յորժամ զտաճարն այրեաց, զնոսա ի պատճառս իրացն յայլ վայրս առաքեաց, զի մի՛ գիտասցեն զիրսն նա եւ զհանդերձս իշխանացն տեսեալ, կարծէին եթէ միհրանեանքն են: Արդ իբրեւ գնացին, եւ զՎահանայ ասացեալսն պատմեցին, որպէս թէ յերեսաց Միհրանայ, եւ առեալ Վաշրայ հազար եւ հարեւր այր՝ եկն ի վերայ լերինն: Եւ իբրեւ մատեցան ի տեղին, Վաշիր արս հարեւր ի բացեայ եթող վասն այլ թշնամեացն, եւ ինքն եկն եմուտ առ Վահան ի վրանն, կարծելով թէ Միհրան է: Իբրեւ տես զնա Վահան, եւ ասէ. «Վաշի՛ր, զի՞նչ եղիք ի մտի. ի Պարսիկ հաւա՞տ կամէիք դարձուցանել զերկիրս Հայոց»: Եւ հրամայեաց դռնապանացն արգելուլ զզաւրսն ի հեռուստ, եւ զՎաշիր գանեաց սաստիկ, մինչեւ էառ բանից նշան զզաւրսն կոչելոյ: Եւ նա ի հարկէ ցաւոցն ետ բանից նիշ ի զաւրապետսն եւ առ իշխանսն՝ գալ ի տեղին փութով:

The flame was whipped up with oil until the city was intoxicated with the smell of their burning flesh. Then [Vahan], gathering up [the Iranians'] loot and treasures, had them taken to secure Oghkan. And he had prince Mushegh conducted to the city. [Vahan], taking along 3,000 men, went before Vashir. He went up on a mountain, laid traps in three places, and then sent to Vashir the secretary and the nuncio. They went and called him, for he had encamped on the bank of Ciay Sea. However, the nuncio and the secretary did not know what had transpired since Vahan had not allowed them to approach the troops but they had come along afterwards, separately.

When he burned the *tachar*(s), on a pretext he had sent them elsewhere so that they would not know what had happened. When [Vashir] saw the clothing worn by the princes, he thought that the troops were Mihran's. Now when [the emissaries] went and related Vahan's words as if from Mihran, Vashir took along 1,100 soldiers and came onto the mountain. When they neared the spot, Vashir left 100 men in a remote place, should other enemies appear. He then came to Vahan and entered his tent, thinking he would see Mihran. As soon as Vahan saw him he said: "Vashir, whatever were you planning? You wanted to change the land of Armenia to the faith of the Iranians." And [Vahan] ordered the doorman to keep the troops detained far off, and he beat Vashir severely until he got from him the password for summoning the troops. [Vashir], compelled by his pains, gave the password to the troop commander and the princes to come to where he was immediately.

Եւ ետ գրել թուղթ պարսիկ դպրին՝ կաշառեաց՝ զի այնպէս գրեսցէ, որ գայցեն զաւրքն վաղիւն. Զի Յոյնք են ի գալ ի վերայ մեր, ասէ: Եւ տուեալ զմատանին Վաշրայ, եւ թուղթ յայն զաւրն, որ ի հեռի կային, եւ դարձուցեալ կոչնականս զաւրացն այլոց, եւ զիշխանսն մի մի կոչել տայր, եւ զգլուխսն կտրէր: Եւ ոչ իմացան այլ զաւրքն, մինչեւ մի ոմն յիշխանացն փախեաւ եւ անկաւ ի բանակն իւր:

Եւ իբրեւ գիտաց Վահան՝ թէ յայտնի եղեւ իրքն, ազդ արարեալ այնոցիկ՝ որք ի դարանսն կային, եւ յարուցեալ նոցա ի յետին կողմանէ՝ փախստական արարեալ զնոսա ի բերդն կոյս Կոթ ձորոյ. եւ որ բուն յետինքն էին ի դարանի անդ, չյարեան իսկ: Եւ արք բերդին ընդդէմ ելեալ, քարամբք եւ գլաւք յանխնայ կոտորեցին զնոսա. Եւ փախստականք եղեն արք հարեւր յԱպահունիսն: Զոր տեսեալ դարանակալացն՝ յարեան ի վերայ, եւ կալան նոսա. Եւ ապա ի վաղիւն սկսան մեւս զաւրքն Պարսից գալ ի վերայ բըլերն՝ ի նոյն տեղին: Իսկ Վահանայ ընդ առաջ գնացեալ նոցա՝ իջոյց զնոսա, եւ ասէ. «Թողէ՛ք զերիվարսդ, զի արածեսցին մինչեւ ցերեկոյ. եւ յերեկոյն իջանեմք ի դաշտն ի վերայ Յունացն»: Եւ նոքա հաւանեալ, արարին այնպէս: Եւ դարանակալքն յանկարծակի դիմեալք՝ կտրեցին զերիվարս նոցա ի զաւրացն, եւ փախստական արարեալ անցուցին ընդ Արածանի, եւ հանին ի Քարքէ: Իսկ զաւրացն Պարսից տեսեալ, աղաղակեցին միաբան եւ ասեն. «Վա՜յ մեզ, կորեաք»: Եւ կոչեցաւ անուն տեղւոյն այնորիկ Կորի:

[Vahan] had the Iranian secretary write a letter and he bribed him to write it in such a way that the troops would come the next day. "For," [he claimed],"the Byzantines are coming against us." He also used the seal-ring of Vashir and [sent] a letter to that detachment encamped at a distance. He ordered the troops to return, had the princes summoned one at a time, and cut off their heads. And the other soldiers did not know what was happening until a certain prince fled and returned to his camp.

When Vahan learned that his activities had become known, he informed those men who were waiting in the ambuscade. They came up from the rear and made [the Iranians] flee to the fortress side of Kot' valley. Those at the back of the ambuscade rose up. Then the men of the fortress came out against [the enemy] with rocks and stones and mercilessly cut them down. One hundred men fled to Apahunik'. When the ambushers saw this, they fell on them and seized them. The next day, the other Iranian force started to arrive on the hill at the same place. Vahan went before them and had them encamp, saying: "Leave your horses to pasture until evening and in the evening we shall descend upon the Byzantine troops in the plain." [The Iranians] consented and did as he urged. Suddenly the ambushers came and cut loose the troops' horses. They made them flee across the Aracani and brought them out to K'ark'e. When the Iranian soldiers saw what had happened, they cried out in unison: "Vay, woe to us, we are lost." And the name of that place was called K'ori.

Իսկ Վահանայ առեալ զզաւրսն՝ իջուցանէ զնոսա ի ձորն բուն: Յարեան դարանակալքն աստի եւ անդի, եւ առեալ զնոսա ի մէջ՝ կոտորեցին՝ ոչ ողորմելով ուրուք: Եւ հրամայեաց արս քառասունս թողուլ՝ զրուցատարս Պարսից արքային: Եւ ետ տանել եւ զգլուխն Միհրանայ առ թագաւորն Պարսից ասելով. «Այս մարզպանս Հայոց յորժամ եկն յերկիրս մեր, եւ զաւրս հակառակեալ ընդ իրեարս՝ գունդ խնդրեցին եւ ոչ կարացին գտանել: Եւ Յոյնք մեր թշնամիք էին, ի նոսա ոչ իշխեցաք գնալ: Եւ ձեզ ընդ ակամբ էաք. եւ ձեր զաւրացն զունդ ոչ կայր. այլ կոտրեցաք զգլուխդ զայդ եւ խաղացաք: Այլ լուաք, եթէ ի Շահաստանէ ելեալ էք ի Բոստր քաղաք՝ յերկիր տափարակ եւ դաշտաձեւ, եւ գիտեմ, որ գնդի խաղայք. առէ՛ք զգլուխ քեռորդւոյդ ձերոյ, եւ եղիցի՛ դա ձեր գունդ ազգաց յազգս»: Եւ իբրեւ գնացին արքն քառասուն եւ տարան զգլուխըն Միհրանայ առ արքայն Խոսրով, եւ նա խռովեցաւ պղտորեցաւ, ամաչեաց զամաւթն յաւիտենից: Եւ ի միւսում ամին խրոխտացեալ՝ այլ զաւրս առաքեաց:

Ի նոյն ամի Սուրբ Կարապետն, որ յիննակնեան տեղիսն էր, փլաւ. զի շարժ խստագոյն եղեւ: Վասն որոյ եւ տունք ի ներքոյ նորա ի շարժէ անտի փլան: Իսկ եկեղեցին, քանզի հիմն ի վերայ նորա էր, շարժեցաւ եւ պատառեցաւ. Զոր Մուշեղ Տարաւնոյ իշխանն, տուեալ գանձս բազումս, եւհրամայեաց քարակոփս շինել: Բայց ոչ ժամանեցին շինել որպէս արժանն էր. զի զաւրքն Պարսից նեղէին զնոսա: Ի սոյն ամի շինեաց Մուշեղ զԿարապետն եւ վախճանեցաւ: Եւ կայ ի թաղման առ Արծրունեաց իշխանին, ի կողմ արեւելից ճակատուն:

Now Vahan took troops and sent them down into the valley itself.[19] The ambushers sprang out here and there, and trapping [the enemy] in their midst cut them down, not pitying anyone. And [Vahan] ordered that 40 men be spared to inform the Iranian king of what had happened. He had the head of Mihran taken to the Iranian king with this message: "As soon as this *marzpan* came to our country and when, with the troops at odds, they sought to raise a brigade, they were unable to do it. Now since the Byzantines are our enemies, we did not dare to go to them and we scowled at you, while there was no brigade of your soldiers. So we cut off that head and played with it. Now we have heard that you have come from Sahastan to Bostr city where the land is flat and like a meadow. I know that you play polo. Take then the head of your nephew (sister's son) and let it serve as a [polo] ball from generation to generation." When the 40 men took Mihran's head to king Xosrov, he became agitated and unsettled and flushed with eternal shame. Yet the next year, swaggering once again, [Xosrov] sent other troops.

That very year the [church of] St. Karapet, which was located at Innakneann collapsed because there was a very severe earthquake causing the houses below/south of [the church] to crumble. Now the church (since its foundation was on the [earthquake line]) moved and cracked. The prince of Taron, Mushegh, gave much treasure and ordered stone masons to [re]build it. However, they were unable to build it in a fitting manner, since the Iranian troops were harassing them. That very year Mushegh [re]built St. Karapet and then died. He is buried by the Arcrunid prince on the eastern side.

---

19 Alternatively, "made them encamp in the valley".

Եւ յետ վախճանելոյն Մուշեղայ՝ նստաւ յաթոռ իշխանութեան նորա Վահան, իշխան Մամիկոնէից տան: Զոր եւ բազում քահանայիւք եւ քսան եպիսկոպոսաւք տաւն ցնծութեան կատարեցին փրկական տեղեացն, ուր զհաւատոն ունէին, եւ ի դուռն սրբոյ Կարապետին, եւ ի վանս Գլակայ եպիսկոպոսին: Եւ ութ եւ տասն գեւղս ազատեաց եւ ետ եկեղեցւոյն, ջնջեաց զանուանս նոցա յարքունի դիւանէն:

ի նոյն ամին վախճանեցաւ երանելին Թոդիկ, հայր վանացն Գլակայ. եւ կայ թաղեալ ի նոյն տեղւոջն, զոր Հայրաբլուր կոչեն. որ է ընդ աջմէ եկեղեցւոյն, ի հիւսիսոյ ընդ արեւելս: Եւ նստաւ յաթոռ նորա մանկիկն Ստեփաննոս, որդի իշխանին Արծրունեաց, որոյ մայրն հերձաւ. եւ կան ի թաղման ծնաւղք նորա ի նոյն վանսն: Եւ բազում ուղղութիւնս գործեաց ի գաւառն Տարաւնոյ, զի վերագոյն ունէին զնա, քան զեպիսկոպոսն. զի հայր էր վանացն եւ ընդ ձեռամբ իւրով ունէր երեք հարեւր իննսուն եւ ութ կրաւնաւորս: Զի այնչափ առաքինի էր, որ ամենեքեան իբրեւ զՅովհաննէս Կարապետն ունէին զնա:

Սա խնդրեաց ի Կարապետէն կապել զբերանս գազանացն, որք բեկանէին զլուսաբերս եկեղեցւոյն: Եւ բազում պարկեշտ վարուք իւրովք յանդիմանէր զիշխանն Հարքայ, որ ունէր զկին եղբաւր իւրոյ: Եւ ածեալ ի հաւան կտրել ի կնոջէն եւ արարեալ կրաւնաւոր՝ ետ նմա շինել զեկեղեցին՝ որ ի Թիլն աւանի յԵկեղեաց գաւառի:

After the passing of Mushegh, Vahan sat on the throne of his principality as prince of the Mamikonean *tun*. With many priests and 20 bishops they held a feast of rejoicing at the places which had been spared which were hallowed to the faith, at [the church of] St. Karapet and in the monastery of the bishop of Glak. [Vahan] liberated and gave to the Church 18 villages, erasing their names from the royal *diwan*.

That same year the abbot of Glak monastery, the venerable T'odik, died. He is buried in the same place, called Hayrblur, to the right of the church on the northeastern side. On the abbot's throne [as successor] sat the lad Step'annos, son of the Arcrunid prince, whose mother had been struck down. [Step'annos'] parents are buried at the same monastery. [Step'annos] effected many improvements in the district of Taron. For they held him superior to a bishop, since he was abbot of a monastery and had under his control 398 clerics. He was so virtuous that everyone considered him to resemble Yovannes Karapet (John the Baptist).

[Step'annos] requested of St. Karapet that the mouths of beasts which were attacking the Church's luminaries be sealed. By his very modest conduct he reprimanded the prince of Hark' who had [for a wife] his brother's wife. [Step'annos] induced [the prince] to separate from the woman, to become a cleric, and to construct a church in T'il *awan*, Ekegheac' district.

Գ

Դարձեալ զաւրաժողով եղեւ Խոսրով արքայ ի վերայ Յունաց երկրորդ անգամ, ի մտի կալեալ զմահն Միհրանայ՝ քեռորդւոյն իւրոյ. եւ առաքեաց զՎախտանգ՝ նորին հաւրեղբայրն երեսուն հազար ընտիր առն եւ ձիոյ: Իսկ նորա եկեալ ի գաւառն Ապահունեաց, արձակէր հարկապահանջս ի Հարք եւ ի Հաշտեանք եւ ի Տարաւն: Առ որ գրեն գաւառապետքն. «Եթէ Վահան տայ, եւ մեք. ապա թէ ոչ՝ ունայն գնայք ի մէնջ»: Զայսոսիկ լուեալ Վախտանգայ՝ խրոխտացաւ եւ ըմբոստացաւ. եւ թողեալ կողմնապետ յԱպահունիս, եւ փքացեալ ալեաւք՝ եկն ի գլուխ Տարաւնոյ: Եւ շինէ զաւերեալն Չիւնկերտ քաղաք մեծ. եւ փոխէ զանուն քաղաքին ըստ անուան կնոջն իւրոյ, զոր ած ընդ իւր՝ Պորպէս, այս ինքն՝ համեղ: Տնկեաց այգիս եւ բուրաստանս, եւ փոխէ զատրուշանն ի դուռնն Կաթողիկէին, զոր հիմնարկեալ էր սրբոյն Սահակայ: Եւ ի վերայ լերինն Տաւրոսի շինեաց ամրոցս եւ կոչեաց զանուն նորա Գարհար. քանզի անդ ոմանք զահավէժ եղեն ի վերայ անասնոցն, կարծելով, եթէ հեծեալ են: Փոխէ եւ զԳոռոզ լեառնաբլուրն յանուն որդւոյն իւրոյ Գոռէգուռոյ՝ Գոգուռ՝ զբաւսանալով յամարան աւուրսն ի վերայ նորա: Եւ յղեաց պարգեւս բազումս Վահանայ, եւ թուղթս՝ զայս ինչ.

III

Once again king Xosrov (bearing in mind the death of his sister's son Mihran) held a muster of soldiers to go against the Byzantines a second time. He sent his father's brother, Vaxtang, with 30,000 select men and horse. Now when the latter arrived in Apahunik' district, he sent tax-collectors to Hark', Hashteank' and Taron. The *gawarhapets*[20] then wrote [to Vaxtang], saying: "If Vahan will pay [taxes], we shall too. If not, you will leave here empty-handed." When Vaxtang heard this reply, he grew arrogant and insolent. He left a lieutenant in Apahunik' and, all puffed up, he came to the border of Taron. He [re]built the great ruined city of Jiwnakert and changed the city's name to that of his wife (whom he brought with him) Porpes—that is, "savory".[21] He planted vineyards and orchards and converted to an *atrushan*[22] the cathedral which was founded by St. Sahak. On the Tawros mountain he built a stronghold and named it Garhar, since some people on animals had fallen off the mountain there, thinking they were [being pursued] by cavalry. He changed the name of Gorhoz mountain to Grhgurh after his son, Grhegurh, and passed the summer days on it. He sent many gifts to Vahan and a letter with this import:

---

20 *gawarhapet:* district chief.
21 *hamegh:* savory.
22 *atrushan:* fire-temple.

«Քաջ եւ հզաւր բազկիդ Վահանայ սկայի, դիցն աւգնականութեամբ ողջոյն:

«Որ թէպէտ ընդ մահ եղբաւրորդւոյն մերոյ տրտմեցաք, բայց ընդ հզաւր քո իմաստութիւնդ զարմացաք: Արդ ես եկեալ եմ վասն սիրոյ եւ խաղաղութեան, եւ դու արի եկ առ իս, եւ երդուիր տալ զհարկ արքունի եւ կալ հնազանդ, եւ յառաջին պատիւն ձեր մնալ, եւ այլ ոչ մտանել ի նենգութիւն: Ո՛ղջ լեր ի դիցն աջոյ»:

Եւ նա յղեաց նմա պատասխանի այսպէս.

«Վատ եւ թոյլ անձին Վախտանգայ, եւ խոզ քոյոց դասուց՝ որք զաղբս ճաշակեն, ողջո՜յն:

«Այլ թէպէտ ընդ մահն Միհրանայ խնդացի, բայց ընդ քո անմտութիւնդ լացի, որ զնորա մահն լսեցեր, եւ զիմ կորովութիւնս ծանեար՝ զոր ինձ ետ Աստուած, զիա՞րդ իշխեցեր գալ ի վերայ եկեղեցւոյն Աստուծոյ: Այլ թէ սէր եկիր առնել, զկինդ ի հետ ընդէ՞ր ածեր, մի՛ թէ որդի խնդրես յերանց մերոց: Եւ եթէ սիրոյ պատճառանաւք եկիր, զիմ քաղաքդ է՞ր շինեցեր եւ ամրոցս: Այլ գիտեմ, զի սուտ ես եւ իբրեւ զշուն քծնիս: Արդ՝ զկեանս քո առաջի մահու դիր, եւ յերկրէս արի ե՛լ եւ գնա՛ խաղաղութեամբ: Ապա թէ ոչ, զմահն՝ որ ընդ քեզ անցանելոց է՝ զայն ամենայն երկիր տեսանէ»:

"To the brave and mighty giant Vahan, greetings by the help of the gods.

"Although we were saddened by the death of our brother's son, we were amazed by the strength of your wisdom. Now I have come here to [make] friendship and peace, so come to me and vow to pay the taxes to the court and be obedient, and retain your previous honor and no longer enter into treachery. Remain well by the aid of the gods."

[Vahan] sent the following reply to him:

"You wicked and weak being, Vaxtang, swine of your class, eater of garbage, greetings.

"While I rejoiced over the death of Mihran, I wept over your foolishness. Having heard of his death and acquainting yourself with my God-given strength, how could you dare come against the Church of God? If you have come seeking friendship, why have you brought along your wife? Could it be you want a son from us? And why did you [re]build my city and make fortresses? No, I know that you are false and bite like a dog. Value life more than death and leave the country peacefully. Otherwise, the death you will suffer shall be witnessed by the entire land."

Եւ նորա բարկացեալ առաքեաց ի վեց հազար այր ի վերայ նորա ի Մուշ: Իսկ ոմանք ազդ արարին նմա, եւ ասեն՝ թէ գայ Ռահան ի վերայ քո վեց հազարաւ: Եւ նորա գիշերագնաց եղեալ, գնաց ի վերայ նոցա՝ որ իջեւանեալք էին ի Ծծմակն, եւ յանկարծակի եհար զնոսա սրով, եւ ոչ ժամանեցին ըմբռնել զերիվարսն: Քանզի որդի նորա Սմբատ ի մէջ անցեալ, կտրեաց չորեք հազար երիվարս. եւ անցուցանէր յայն կոյս Արածանոյ, եւ հանեալ ի կողմն Հաշտենից: Եւ երկերիւր ձի յառաջին յաղթութեանն աւարաման ետուն եկեղեցւոյն ի Գլակայ վանսն, զի այն էր տուն նոցա հայրենական. եւ անդ կնքեցին զնա: Իսկ Վահանայ տուեալ զնոսա մաւրացն՝ զքազումս կոտորեաց եւ զքազումս խոցոտեաց, եւ երկերիւր այր ի մաւր անդր ընկղմեաց:

Իշխանն Հաշտենից ունէր ընդ ձեռամբ իւրով երեք հազար եւ երկերիւր այր,

եւ իշխանն Պալունեաց երկու հազար եւ երկերիւր,

եւ իշխանն Արջուց՝ երեք հազար,

եւ իշխանն Եղնուտայ հինգ հազար.

եւ ինքն Վահան՝ ութ հազար, եւ Սմբատ որդի նորա վեցհազար.

ընդ ամենայն՝ քսանեւութ հազար:

Այս ամենայն զաւրք կային ընդ ձեռամբ Վահանայ. բայց բաժանեալ էր, եւ կողմապահս թողեալ ամենայն տեղեացն, եւ կային առ ինքն յաւուր յայնմիկ երեք հազար այր: Եւ բազում նախճիրս գործեաց անդ իշխանն Հաշտենից. զի աճապարեալ կտրեաց զգլուխն Ռահանայ, եւ զզաւրսն փախստական դարձոյց: Եւ նեղեալ զնոսա, մինչեւ յաղաչանս անկեալ՝ եւ հարկս խոստանային տալ նոցա:

Then [Vaxtang] grew angry and sent 6,000 men against him, to Mush. However, some people informed him, saying: "Rhahan is coming against you with 6,000 [troops]." So [Vahan] went by night against the enemy encamped at Ccmak, and fell upon them with the sword. They were unable to restrain the horses, for [Vahan's] son, Smbat, had got among them and cut loose 4,000 horses. He had them cross to the other side of the Aracani [river] and led them to the Hashteank' area. They gave 200 horses of the first victory as spoils-share to the church at Glak monastery—for that was their patrimonial home, and he had been baptized there. Now Vahan got [the Iranians] into the swamps, and cut down many of them, wounded many, and drowned 200 men in that swamp.

The prince of Hashteank' had under his control 3,600 men,
    the prince of Palu had 2,200,
    the prince of Arjuc' had 3,000,
    the prince of Elnut/Olnut had 5,000,
    prince Vahan had 8,000,
    and his son Smbat, 6,000,
    in all, 28,000 men.

This entire body was under Vahan's direction. However, he had divided it and left lieutenants everywhere. This gave him 3,000 men that day. The prince of Hashteank' caused a great slaughter there, since he hastened to behead Rhahan and put the troops to flight. He harassed them until they entreated him [to stop] and promised to pay them taxes.

Իսկ Վահան ասէ. «Տուք ի մեզ զգլուխն Ռահանայ, եւ թողումք զձեզ»: Եւ զաւրքն ի բազում տարակուսանս լեալ՝ խնդրէին, եւ ոչ գտանէին: Ապա կալեալ զորդի նորա զՎահ, ետուն ցՎահան: Իսկ իշխանն Հաշտենից յառաջ մատուցեալ, ասէ. «Կամ տո՛ւք զՌահան ի մեզ, կամ տուք երեսուն հազար դահեկան»: Եւ նոքա ետուն երեսուն հազար դահեկան, եւ դարձան: Իբրեւ ետես Վահան եթէ գնան ամբողջ, զնախանձն Աստուծոյ նախանձեալ՝ յարձակեցաւ ի վերայ նոցա, եւ սկսաւ կոտորել զնոսա: Իսկ նոցա զաղաղակ բարձեալ, ասեն. «Առ ի՞նչ դարձայք ի պատերազմ, ո՞վ աւելախաւսք». եւ կոչեցաւ տեղին այն Առինչս: Եւ տարեալ ածեալ զնոսա ի դաշտին, կոտորած սաստիկ գործեցին. եւ որք փախեանն՝ էին պակաս քան զհինգ հարեւր այր. որք երթեալ պատմեցին Վախտանգայ: Իսկ նորա բարկացեալ, հրամայեաց գլխատել զնոսա՝ որք դարձանն. եւ ոչ մնաց ի վեց հազարէն եւ ոչ մի:

Իսկ Վախտանգայ ի ցասումն բարկութեան շարժեալ վասն Ռահանայ, առաքեաց դարձեալ զԱսուր ի վերայ նորա ութ հազարաւ: Որք եկեալ՝ բանակեցան յեզերս Մեղայ եւ արձակեցին առ Վահան այսպէս. «Ա՛յ չարաբարոյ գայլ Վահան. մինչ գիտես եթէ ծառայելոց ես Արեաց արքային, ընդէ՞ր այդպէս յանդգնեալ անամաւթիս: Արդ՝ արի եկ առ մեզ, եւ լեր հարկատու. ապա թէ ոչ, մեռանիս որպէս զշուն»: Եւ նորա լուեալ զայն, առեալ վեց հազար այր՝ եւ գնաց ի վերայ նոցա ինքն եւ որդին իւր Սմբատ: Իբրեւ կացին հանդէպ իրերաց, սկսաւ Ասուր թշնամանել զՎահան եւ գայլ կոչէր նմա: Եւ նա ասէ. «Ցիրաւի է անունդ ինձ. քանզի գամ կոտորեմ, երթամ եւ այլ գամ»: Եւ սկսան մարտնչել ընդ միմեանս:

But Vahan said: "Give us Rhahan's head and we shall let you go." And the [Iranian] soldiers in much anxiety sought for the head, but could not find it. But they seized [Rhahan's] son Vah and turned him over to Vahan. Now the prince of Hashteank' came forward and said: "Either give us Rhahan's head or give us 30,000 *dahekan*s." And they gave the 30,000 *dahekan*s and turned to go. When Vahan saw that they all were departing, he became filled with the zeal for God, attacked and started to destroy them. [The Iranians] raised a cry, saying: "Oh liar, why do you turn to battle?" And that place was named Arhinch' ("Why"). [The Armenians] drove them into the plain and caused a great slaughter. Less than 500 men fled and went to Vaxtang and told him what had happened. [Vaxtang] became furious and ordered those who came to him beheaded. Of those 6,000 men not a man remained alive. Not a single one.

Now Vaxtang, moved to a rage because of Rhahan, sent Asur [against Vahan] at the head of 8,000 soldiers. This army came and encamped on the shores of the Meghti [river] and sent the following message to Vahan: "Hey you vile wolf, Vahan. Knowing that you serve the Aryan king, why have you become so shamelessly brazen? Now come to us and be a tax payer. Otherwise you will die like a dog." When [Vahan] heard this, he and his son Smbat went against them with 6,000 men. As soon as [the two armies] were facing each other, Asur started to insult Vahan by calling him a wolf. And [Vahan] replied: "Your epithet for me is accurate, because [like a wolf] I come, destroy, go, and come again." And they commenced battling each other.

Իբրեւ խմբեցաւ պատերազմն, ակն կալաւ Սմբատ որդին Վահանայ ի վերայ Ասուրայ, եւ պատահեցաւ նմա: Իսկ Ասուր տեսեալ՝ եթէ պատանի է, քամահեաց զնա եւ ասէ. «Քարապաշտ հարճորդի, ի բաց կաց, զի ի պատերազմող արսն ելանեմ անցանեմ»: Եւ նա ասէ. «Որդի՛ սատանայի, յիրաւի է անուն քո Ասուր. զի սուր քո չէ ինչ, եւ ի մարտնչել ընդ մանկանն՝ ծանիցես զպարտութիւն քո»: Եւ ածեալ զսուրն՝ կտրեաց զգլուխ երիվարի նորա, եւ զնա յերկիր ընկէց. եւ յարձակեալ՝ էառ զգլուխն ի նմանէ. եւ ի վեր վերացուցեալ, ասէ. «Փա՜ռք քեզ, Քրիստո՛ս եւ սուրբ Կարապե՛տ, որ յաղթեցեր հակառակորդիս»: Եւ մինչ դեռ նա զայս ասէր, տասն այր պատեցին զՎահան. որպէս որք զանտառսն հատանեն, այնպէս յանխնայ կոփէին եւ նոքա: Եւ սկսաւ պակասիլ Վահան. եւ ձայն բարձեալ, ասէր. «Ո՞ւր ես Սմբա՛տ որդեակ, հասիր յաւգն ծերոյս»: Զի էր ամաց ութսուն եւ ութից: Իսկ նորա քաջաբար ի վերայ յարձակեալ որպէս զարծիւ սրաթռիչ, ասէր. Աւգնեա մեզ սուրբ Կարապետ: Եւ անդէն եհատ զգլուխ որդւոյն Ասուրայ, եւ ընդ մէջ ճեղքեալ՝ հանդերձ թիկամբն աջոյ ի բաց ընկենոյր: Եւ զաւրացեալ Վահանայ, զվեց երիվարին զգլուխսն կտրեաց. եւ մատնեաց Տէր ի ձեռս նոցա զզաւրսն Պարսից, եւ փախստական արարին զնոսա մինչեւ ցերեկոյն: Եւ ի յութ հազարէն երեք հազար միայն գնացին առ Վախտանգ: Եւ նորա լուռ եղեալ մինչեւ ցմիւս ամն: Եւ ի նոյն ամին վախճանեցաւ Վահան քաջն վրէժխնդիր ի վերայ եկեղեցւոյ, եւ ետ տանել զինքն ի Գլակայ վանսն. Եւ կայ ի թաղման ի դրունս սրբոյ Կարապետին, առաջի սեմոցն:

Once they joined battle, Vahan's son, Smbat, kept his eye on Asur and approached him. Now when Asur saw that Smbat was a lad, he scorned him and said: "You stone-worshiping bastard, get out of the way so I may move on to the fighting men." [Smbat] replied: "Son of Satan, your name fits you because your *sur*[23] is as nothing and by fighting with a youth you shall acknowledge your defeat." Smbat took his sword and cut off Asur's horse's head. [Asur] fell to the ground and then [Smbat] attacked him and cut off *his* head. He raised the head aloft and said: "Glory to You, Christ, and to St. Karapet who vanquished my adversary." Now while he was saying this, 10 men surrounded Vahan and struck at him mercilessly, like men felling a forest. Vahan started to grow weak. Raising his voice he cried: "My son, Smbat, where are you? Come and help me, old man that I am." For [Vahan] was 88 years old. [Smbat] valiantly attacked them like a swiftly flying eagle, saying: "Help us, St. Karapet." And with that he cut off Asur's son's head severing it, together with the right shoulder, and it fell off. Then Vahan became stronger and cut off the heads of six horses. The Lord gave the Iranian army over [to the Armenians] and they chased them until evening. Of the 8,000 soldiers, only 3,000 went back to Vaxtang. [Vaxtang] remained quiet until the next year. That same year *k'aj* Vahan, avenger of the Church, died. He had [his remains] taken to Glak monastery where he is buried in front of the threshold at the door of [the church of] St. Karapet.

---

23 *Sur*: sword.

JOHN MAMIKONEAN

Իսկ ի միւսում ամի զաւրս կազմեալ գումարեաց Վախտանգ քսան հազար, եւ առաքեաց առ Սմբատ, եթէ՝ «Կամ ե՛կ, որ պատերազմիմք, եւ կամ հնազանդեաց եւ տուր հարկս»: Իսկ նորա ժողովեալ տասն հազար այր, գնաց ի վերայ նորա յԱնդակ. եւ թողեալ զհինգ հազարն ի բլուրն, որ կոչէն Մահու ագարակ, եւ ինքն գնաց հինգ հազարաւ ընդդէմ նորա՝ ի գրգռել զնա: Եւ արաքեաց Վախտանգ տասն հազար այր ի վերայ նորա, կարծելով թէ ինքն միայն է: Եկին զաւրքն եւ ի գիշերի պատեցին զնա. եւ նա կամէր ի գիշերի ելանել ընդդէմ, բայց արգելուին զնա քահանայք դրան նորա: Իսկ նա ասէ. «Վստահ եմ յԱստուած, թէ որովհետեւ ծառայեալ եմք սրբոյ Կարապետին միամտութեամբ, թէ ոչ թողու զմեզ ի ձեռանէ»: Եւ ել ջահիւք ի վերայ զաւրացն Պարսից. եւ յանկարծակի տեսին այր մի գիսաւոր, որ լոյս փայլէր ի հերաց նորա, եւ զաչս թշնամեացն կուրացուցանէր: Զոր տեսեալ քաջին Սմբատայ, ասէ զզաւրսն. «Քաջալերեցարուք, որդեակք, եւ մի՛ երկնչիք. զի սուրբ Կարապետն մեզ ի թիկունս հասեալ կայ, եւ ընդ մեր՝ ինքն պատերազմի»: Եւ մի՛ ոք անհաւատալի զիրսն կարծիցէ. զի ինքեանք սկսան մարտնչիլ ընդ միմեանս, եւ զմիմեանս սատակել. զի Տէր պատերազմէր ընդ նոսա: Եւ այնչափ կոտորեցին զնոսա, մինչեւ հեղեղատք արեանց ելանէին. որ եւ Թիլ կոչեցաւ անուն տեղւոյն այնորիկ:

Now the next year Vaxtang assembled a force of 20,000 and sent to Smbat [this message]: "Either come so that we may fight, or else be obedient and pay taxes." [Smbat] gathered together 10,000 men and went against [Vaxtang] at Andak. He left 5,000 men on the hill called *Mahu agarak*[24] and himself went with 5,000 against [Vaxtang] to provoke him. Vaxtang sent 10,000 men against [Smbat], thinking that he was alone. The troops came and surrounded him at night. [Smbat] wanted to arise against them by night, but his court priests prevented him. Now he said: "I trust in God that since we have faithfully served St. Karapet he will not abandon us." And he went against the Iranian troops with torches. Suddenly they saw a man with long hair which radiated light, which blinded the enemies' eyes. When *k'aj* Smbat saw this he said to the troops: "Take heart, my sons, and fear not, for St. Karapet has come to our aid and is fighting along with us." Let no one think the matter unbelievable, for [the Iranians] began to fight one another and to kill each other, for the Lord was fighting against them. And they so destroyed them that torrents of blood flowed. That place was called T'il.

---

24 *Mahu agarak:* "Field of Death"

Եւ իբրեւ վճարեցին ի կոտորելոյ զայնչափ բազմութիւնն, երկերիւր այր համարով թողեալ զի զրուցարարս այլոցն վասն առն՝ զոր տեսին ի գիշերին, զի եւ թշնամիքն եւս տեսին, եւ ինքն յուղարկեաց զերիվարսն նոցա ի Մուշն աւան՝ առ որդին իւր, որ կոչէր ըստ պապ անուանն՝ Վահան կամսարական, զի զհետեւակս քաղաքին հեծեալս արասցէ, եւ յուղարկեսցէ փութով: Եւ նորա կազմեալ հեծեալս երկու հազար եւ հինգ հարեւր, հանէ առ Սմբատ իշխանն: Իսկ նորա խոյս տուեալ աւուրս ութ, պատրաստեաց զզաւրս իւր. Եւ յետ ութ աւուրն եկն եհաս Վախտանգն ի դաշտ անդր, եւ առ վաղիւն պատրաստեցան ի պատերազմ: Իսկ Սմբատ կտրեաց ի գիշերին երկու հազար այր հեծելոց, եւ անցոյց ի տեղի թագստեան զպարսկէն յետուստ կողմանէ, եւ ի բլերն յայս կողմանէ՝ երեք հազար: Եւ յերկու կողմանէն ռազմ գաղտ կարգեաց. եւ ինքն զութ հազար արսն բաժանեաց ի վեց ռազմն: Եւ ընդ առաւաւտն կազմեցան. Զի մի՛ գաղտ դարանսն գիտասցեն, փութապէս ի դիմի հարեալ՝ շարժեաց զնոսա ի վերայ իւր:

Իբրեւ ճակատեցան ի պատերազմն ընդ իրեարս, զառաջինն յաղթահարեցին զՍմբատ: Իսկ նորա ի բլուրն ելեալ՝ ասէր. «Ո՞ւր էք, ա՛րք քաջք, յառա՛ջ մատիք»: Եւ յամենայն կողմանց ի վերայ յարձակեցան, եւ ի մէջ առին զզաւրսն Պարսից. եւ խմբեցաւ պատերազմն ընդ իրարս, մինչ զի ոչ գոյր հնար ճանաչել զմիմեանս, բայց միայն ի ձայնս փողոցն եւ ի տեսս դրաւշացն: Իբրեւ ի դիմի հարան Վախտանգ եւ Սմբատ, ասէ Վախտանգ. «Կա՛ց, հարճորդի. թէպէտ եւ զբազումս ջնջեցեր, սակայն այսաւր չպրծնիս ի ձեռաց քաջ արանցս, որ գէշ գէշ պատառեն զձեզ սուսերք մեր»:

When such a multitude had been killed, 200 men were left alive as news-bearers to inform others about the man they had seen during the night, for the enemy also had seen him. [Smbat] himself led their horses to Mush *awan*, to his son (who was named Vahan Kamsarakan after his grandfather) so that the city's infantry would become cavalry and be sent quickly. [Vahan] assembled 2,500 cavalry and sent them to prince Smbat. Now [Smbat] evaded [the Iranians] for eight days, and prepared his force. After eight days Vaxtang reached that plain. The next day they readied for war. Now during the night Smbat detached 2,000 cavalry and took them to a hiding place behind the Iranians, and on this side of the hill [he deployed] 3,000. Thus on both sides he had arranged for secret battle. He then divided 8,000 men into six groups, and in the morning they organized. So that [the Iranians] not learn about the secret traps, he hastily turned to them and provoked them, to move against him.

Once they joined battle, at first [the Iranians] were vanquishing Smbat. So [Smbat] went onto the hill and said: "Where are you, braves? Come forward." And the braves attacked from all sides and trapped the Iranian army in their midst. They fought until it was impossible to recognize each other except by the sounds of trumpets and the sight of banners. When Vaxtang and Smbat faced each other, Vaxtang said: "Stop, bastard. Though you have killed many before, today you will not slip out of the hands of brave men. Our swords will tear you apart."

Եւ Սմբատ ընդ մէջ անցեալ, եհատ եւ կտրեաց զառնապանս բարձից նորա, եւ մերձ տարաւ յընկենուլ զՎախտանգ: Եւ նորա ձգեալ զտէգն, եհար զկուրծս նորա. եւ ցցեալ, ի ներքս ոչ կարաց անցուցանել: Եւ Սմբատայ ձայնս արկեալ, ասէր. «Սո՛ւրբ Կարապետ, յայտնեա՛ եւ այսաւր զքեզ ծառայից քոց. զի վասն քո մեռանիմք ի վերայ հաւատացելոց Քրիստոսի»:

Եւ բախեալ տիգաւ ի թիկունս նորա, եւ անց ընդ զրահսն ի ներքս, եւ եհան ընդ սիրտ նորա: Եւ հանեալ զսուրն՝ կտրեաց զգլուխ նորա, եւ ոչ կարաց ունել. Զի բազում մարդկաւն վաղեաց գլուխն Վախտանգայ:

Իսկ մի ոմն ի ծառայիցն նորա էառ զգլուխն նորա, եւ փախեաւ. եւ հասեալ Սմբատայ՝ եհար մրճովն ի վերայ գագաթանն, եւ գոգեաց զսաղաւարտն, եւ գլխոյն ոսկրն փոսեալ՝ տեղի տայր սաղաւարտն մրճին Սմբատայ, եւ հազիւ կարաց հանել: Եւ նորա հանեալ ընկէց զգլուխն, եւ ինքն մեռաւ: Եւ մեւս այլ ծառայի առեալ զգլուխն փախեաւ. եւ Սմբատ զհետ մտեալ, ասէ. «Պարսիկք, մի՛ անմտանայք, զի մինչեւ յայս անկաւ Վախտանգ, որ սրտացաւ ծառայքդ զգլուխդ առեալ փախչիք. ապա գիտասջիք թէ ձեզ այդպէս պարտ է լինել: Եւ ձգեալ ծառային զգլուխն ի կուրծսն Սըմբատայ, եւ ասէ. «Տար խորովեա՛ եւ կեր զդա. վա՜յ ձեզ, որ այլ վաղ ոչ սպանէք»:

Smbat, moving into action, struck and split Vaxtang's hip armor, fatally wounded him, and brought him close to falling [to the ground]. Thrusting his lance, [Smbat] struck [Vaxtang's] breast. The lance stuck in, but Smbat was unable to jab it in deeper. He raised his voice and said: "St. Karapet, reveal yourself today to your servants, for we die for your sake, and for the faithful of Christ."

Then he struck [Vaxtang's] shoulder with his lance and the weapon passed in through the armor and through his heart. Pulling out his sword, [Smbat] cut off [Vaxtang's] head, but was unable to keep it, because many men made off with the head.

Now a certain of [Vaxtang's] servants grabbed the head and fled. Smbat reached the fugitive and struck his head with a club, such that the man's helmet split and the bone of his skull gave way before the club, so that [Smbat] could barely pull it out. But when he did, the head fell off and the servant died. Then another servant took the head and ran. Smbat followed him and said: "Iranians, don't lose your senses. For Vaxtang has already fallen, [the man] who inspired his servants to take his head and flee. Now consider if you must do this." The servant threw [Vaxtang's] head at Smbat's chest and said "Take it, roast it, and eat it. Alas that you did not kill him sooner."

Եւ Սմբատայ առեալ զգլուխն, եւ գհետ մտեալ ծառային, ասէ. «Ա՜յ տիրատեաց պարսիկ, զգլուխդ քո ընդէ՞ր ոչ փոխանակեցեր տեառն քո: Արդ՝ որովհետեւ տիրատեաց էք, ես բառնամ զգլուխ քո ի քէն: Եւ եհար զնա տիգաւն ի սիրտն, եւ անցոյց զտէգն յայնկոյս. եւ ընկեցեալ յերիվարէն, կտրեաց զգլուխ նորա. Եւ դարձաւ մեծաւ յաղթութեամբ ի բլուրն: Եւ զաւրքն շուրջ պատեալ ի վայրին զպարսիկսն սպանին. եւ ոչ մնացին ի նոցանէ, բայց այնոքիկ՝ որք առ ուղտուցն բանակքն էին՝ արք չորեքհարեւր. զորս ոչ հրամայեաց սպանանել, զի փախստականք էին. բայց էառ ի նոցանէ հազար եւ քառասուն ուղտ, եւ ութհազար ձի եւ ջորի:

Եւ իբրեւ վճարեցաւ պատերազմն, հրամայեաց ծածկել զնոսա ի ձորս եւ ի հեղեղատս. եւ կոչեցաւ բլուրն այն Մահու բլուր: Եւ Սմբատ առեալ զզաւրսն, գնաց ի վերայ քաղաքին Պորպայ ի գիշերի: Եւ մտեալ զաւրացն ի տունսն, զորս եւ գտին Պարսիկս լեզուաւ՝ սատակէին. եւ զքիթսն կտրեալ ի շարի արկանէին, եւ բերէին առ Սմբատ: Եւ համարեալ զքիթսն, գտանէին սպանեալ պարսիկք՝ ընդ այր եւ ընդ կին եւ ընդ մանկտի՝ չորեք հազար:

Իսկ զորդին Վախտանգայ եւ զկինն առեալ՝ տարան յԱյծից բերդ, զոր յառաջ Արծուիս կոչէին, եւ պահեալ զնոսա անդ: Եւ յղեալ առ Պարսից թագաւորն Խոսրով, եւ ասէ.

Smbat took the head and pursued the servant, saying: "Ay, you traitorous Iranian, why didn't you substitute your own head for that of your lord? Now since you betrayed your lord, I will take your head from you." And with his lance, [Smbat] struck him to the heart, and the lance came out the other side. The man fell from his horse, whereupon Smbat severed his head, and then returned to the hill in great triumph. The surrounding troops killed Iranians in the place until not a one of them remained except those who were encamped by the camels, 400 men whom he ordered spared since they were fugitives. But he took from them 1,040 camels and 8,000 horses and asses.

As soon as the battle was ended, [Smbat] ordered them buried in the valleys and ravines. That hill was named Mahu Blur.[25] Then Smbat took troops and went against Porp city by night. When the soldiers entered the homes, they killed whomever they encountered speaking Persian, cut off the noses, strung them up, and brought them to Smbat. When the noses were counted they found 4,900 Iranian men, women and children.

Now Vaxtang's son and wife were taken to Aycic' fortress (which was previously called Arcuik') to be kept there. [Smbat] sent to the Iranian king Xosrov and said:

---

25 *Mahu Blur:* The Hill of Death.

«Տո՛ւր ինձ երկոտասան տարւոյ հարկ, որ զաւրքդ քո զիմ երկրիս զխոտն եւ զհացն կերան, եւ զփայտսն այրեցին, եւ զջրոյ՝ զոր արբին զգինն, եւ զտաճարացն զգինս՝ զոր իմ հայրն այրեաց վասն քո Գայլ Վահան. եւ դարձեալ զաւ-պոնի գինսն՝ վաթսուն հազար դահեկան, որ զքո զաւրացն զգիշահոտ հալաւն եւ զարհինաթաթախ հանդերձսն լուա-նալ տուաք եւ ազաք: Ապա թէ ոչ, գամ հարեւր մարդով ի վերայ քո, եւ զամենայն Պարսիկս գերեալ՝ ի Տարաւն ա-ծեմ, եւ ի քո աստուածքդ շուն խառանեմ, որ փոխանակ դոցա հաջեն ի ձեզ: Արդ՝ փութով, զոր ինչ ասացի քեզ, արձա՛կեա. ապա թէ ոչ, տեսանես թէ զի՞նչ անցք անցա-նիցեն ընդ ձեզ»:

Իսկ նորա լուեալ, ծաղր առնէր զՍմբատ. եւ ոչ գրեաց պատասխանի թղթոյն Սմբատայ:

Բայց եղբայրն Վախտանգայ՝ Սուրէն, առեալ հարեւր հազար դահեկան, եւ իննհազար այր, եկն ի Տարաւն՝ գնել զկինն եւ զորդին Վախտանգայ: Եւ ընդ առաջ գնացեալ Սմբատայ, ընկալաւ զՍուրէն՝ եղբայր նորա սիրով, եւ ճած ի Մուշ: Եւ կացեալ աւուրս տասն, խնդիր արար Սուրէն եղբաւրորդւոյ իւրոյ՝ թէ ո՞ւր է: Իսկ նոքա ցուցին զբերդն՝ թէ անդ է. եւ նա ասէ. «Անդ այծարա՞ծ է թէ դիւարած»: Եւ ծիծաղեալ Սմբատայ ընդ աղի բանսն Սուրէնայ, ա-ռաքեաց եւ ետ բերել զկինն եւ զորդին առաջի իւր:

"Give me taxes for 12 years to cover the [cost of the] grass and bread of my country which your forces ate, the wood they burned, the price of the water they drank, the price of the *tachar*s which my father Gayl Vahan burned because of your soldiers, and 60,000 *dahekan*s for the price of the soap to wash your soldiers' robes (which smelled of death and were blood-drenched) before we could wear them. Otherwise, I shall come against you with 100 men and with all the Iranians captured, I shall take them to Taron and shall chain a dog to your gods so that they bark at you in place of them. Now be quick. Do whatever I have said to do. Otherwise you will see what will befall you."

When [Xosrov] heard this he mocked Smbat and he wrote no reply to him.

But Vaxtang's brother, Suren, took 100,000 *dahekan*s and 9,000 men and came to Taron to buy the wife and son of Vaxtang. Smbat went before him and, receiving Vaxtang's brother Suren with affection, he sent him to Mush. After 10 days Suren asked after his brother's son, wanting to know where he was. Now they showed him the fortress and said: "Over there." And he asked: "Is he herding goats or *dew*s there?" Smbat laughed at Suren's *bon mot*, and ordered [Vaxtang's] wife and son brought before him.

Եւ իբրեւ ածին, ասէ Սուրէն. «Իշխան հզաւր ի վերայ աշխարհիս Հայոց, տա՞ս զսոսա Պարսից արքային տուրս»: Իշխանն ասէ. «Պարսից արքային եւ մեռեալ շուն մի ոչ տամ, որ ճաշ ուտէ՝ առանց գնոյ, թո՛ղ թէ զդոսա: Բայց դու գնել թէ կամիս, քաջ տամ. ապա թէ ոչ, գնացէ՛ք երեքեանդ յԱրծրունիս, այծ արածեցէ՛ք եւ բերդին ծառայութիւն արարէք, եւ զիմ հացս կերայք աներախտիս»:

Իսկ Սուրէն քանզի իմաստուն մարդ այր էր, ասէ.

«Ո՜վ բարեպաշտ եւ հզաւր իշխան, թէ եւ զշունս դարապասիդ քո արածել տայիր, դեռ պարծանս է մեզ՝ որ ի դրան քում կայաք, թող թէ այծ արածել: Բայց թէ լսէք մեզ, առէք ի մէնջ հարեւր հազար դահեկան, եւ երկու հազար ուղտ, եւ վեց պարսիկ ձի. եւ մեզ տուրս տո՛ւք զայս կինս եւ զմանուկս»:

Իշխանն ասէ.

«Զայդ՝ որ բերեալ ես, այդ մեր է. զի զքո գլուխդ կտրեմ, եւ զոր ունիս՝ յիս առնում: Բայց թէ դոքա քեզ պիտոյ են, դու քրիստոնեայ լե՛ր եւ կնքեա՛ց, եւ զիս առ եւ ի Պարսիկս գնա՛, եւ դոքա՝ քեզ. ապա թէ ոչ, ձեզ այլ հնար իմացէ՛ք»:

Իսկ Սուրէն բերեալ ետ զհարեւր հազար դահեկանսն եւ զուղտսն եւ զձիսն առաջի, եւ ասէ ցիշխանն. «Աւադիկ է տուրսդ»: Իսկ նա ասէ.

As soon as they arrived, Suren said: "Mighty prince [ruling] the land of Armenia, will you give them as gifts to the Iranian king"? The prince replied: "I wouldn't even give the Iranian king a dead dog for his dinner without his paying for it, let alone give these two [hostages]. But if you want to buy them, I most certainly will give them over; otherwise, the three of you will go to Arcrunik' and herd goats, and do service at the fortress and ungratefully eat my bread."

Now because Suren was a wise man he said:

"Oh pious and mighty prince, if you made us tend a dog at your gates it would be an honor for us just to be at your court, to say nothing of herding goats. But listen to us and take from us 100,000 *dahekan*s, 2,000 camels and six Iranian horses, and give us this woman and youth."

The prince said:

"Whatever you brought here is ours, for I'll cut off your head and confiscate what you have. But if you need them, become a Christian and be baptized, and take me and go to the Iranians and these [hostages] with you. Otherwise think up something else."

Now Suren brought 100,000 *dahekan*s and led the camels and horses before him and said to the prince: "Here is your gift." But [Smbat] replied:

«Հաւանիմ տրոցդ, բայց հարեւր եւ ութսուն հազար փայտ են տարեալ ի Քարքէոյ, եւ չորեք հարեւր հազար դահեկանի խոտ են կերեալ ի դաշտէդ, եւ վաթսուն հազար դահեկանի՝ որ զեղն եւ զեղջերու եւ զնապաստակ երկրիս որսացեալ են եւ կերեալ. զջրոյ եւ զհացի գինն թողում: Բայց զանոյշ գինին Աստրոց եւ Սալնայ եւ զՄոխրայ այս երկու տարի է՝ որ յինէն կտրեալ էին, եւ ինքեանք արբին, զայն թող տան. եւ զվեց գաւառին հարկն՝ զոր առեալ են, եւ զքաղաքին մուտսն՝ զոր կերեալ են չորեք հարեւր դահեկան, զայդ ամենայն թող բերեն. եւ դու քրիստոնեայ լեր, եւ զիս ի Պարսիկս տար, եւ դոքա քեզ»:

Տրտմեցաւ Սուրէն, եւ ոչ կարաց խաւսել զերիս աւուրս: Եւ ապա արձակեաց իշխանն առ նա, եւ աւէ. «Մի՛ տրտմիր, զի ըստ քո կամացդ առնեմ զամենայն ինչ. բայց արի՛ անցանեմք յայնկոյս, եւ յուխտս երթամք ի վանս իմ, զոր շինեաց հայրն իմ»: Եւ առեալ զՍուրէն՝ անցին յայնկոյս Արածանոյ, եւ զկինն եւ զորդին ի հետ տարան: Բայց զի նենգել կամէր պարսկին, զկինն եւ զորդին եւ զՎահան Կամսարական յայնկոյս թողեալ, զի որ ի նա անկցի՝ նա սպանցէ: Եւ ինքն թողեալ զաւրս իւր ի Մեղտի՝ չորեք հազար այր, եւ զՊարսիցն՝ յանդաստան վանացն՝ զոր Արտից գեւղն կոչեն, եւ առեալ չորեք հարեւր այր ընտիր զաւրեաւ, եւ չորեք հարեւր զնորայն, եւ գնացին երկոքեանն ի վանսն: Եւ իբրեւ եկին առ թագուցեալ խաչն, իջին յերիվարացն, եւ գնային հետեւակ ի վանսն. քանզի չէր հնար ումեք երիվարաւ ընդ այն տեղւոյն ի վեր անցանել: Նոյնպէս եւ յարեւելից կուսէ ձորոյն՝ ի ստորոտ զառ ի վերին մինչեւ յեկեղեցին, չիշխէր ոք գալ. զի թէ Տրդատ եւ սուրբն Գրիգոր ոչ իշխէին գալ երիվարաւ, ապա ո՞վ այլ ոք:

"I approve of your gifts, but [Iranian troops] took 180,000 [*dahekan*s worth of] wood from K'ark'e and they ate up 400,000 *dahekan*s of grass from the plains and 60,000 *dahekan*s for the hinds, stags, and rabbits of my country which they hunted and ate. I leave aside the price of water and of bread. But let them pay for the sweet wines of Syria, Salan and Moxr which for these two years they have cut from me and have themselves consumed. And the tax which they took from six districts and for the city revenue which they ate, let them pay 300 *dahekan*s.[26] You become a Christian. Take me to the Iranians and take these [hostages] for yourself."

Suren became gloomy and was unable to speak for three days. But then the prince sent to him, saying: "Don't be sad, for I shall do everything according to your will. But come, let us pass to the other side [of the river] and make a pilgrimage to my monastery which my father built." Taking Suren they crossed to the other side of the Aracani, taking the woman and son along. But because [Smbat] wanted to deceive the Iranian, the wife and son and Vahan Kamsarakan were left on the other side, such that should [Suren] cross over, he would be killed. He left 4,000 of his troops at Meghti and [left] the Iranians at the village of the monastery which they called Artic' village. [Smbat] took 400 choice soldiers and [Suren] took 400 of his own, and the two set out for the monastery. When they reached the Hidden Cross, they dismounted and proceeded to the monastery on foot, since it was impossible for anyone to ascend there on a horse. Similarly [the terrain] from the eastern foot of the valley upward to the church was so steep that no one would dare come up. For if St. Gregory and Trdat did not dare to come to that place on horse, whoever else would?

---

26 One *ms.*: 400,000.

Արդ՝ իբրեւ մերձեցան ի վայրս վանացն, ընդ առաջ եկին պաշտաւնեայքն եւ արգելուին զնա վասն Սուրէնայ: Եւ Սմբատ բարկացեալ՝ ասէր. «Որովհետեւ պարսիկք այնպէս պիղծք էք, որ եւ մայրեացն չէք, դուք եւ կենաց արժանի ընդէ՞ր էք»: Եւ յարձակեալ ի վերայ նոցա Վարազայ իշխանին Պալունեաց, եհար սրով եւ կտրեաց զգլուխն Սուրէնայ: Եւ զերկու իշխանսն Պարսից զծառոյն խեղդեցին, եւ ինքեանք դարձան յերիվարսն. քանզի զաւրք իշխանին Պալունեաց թագուցեալ էին ի բլուրն ի փոքր ամրոցին ի Մեծամաւրին, արք երեքհարեւր, ի ներքոյ Անդակայ: Եւ հեծեալ նոցա յերիվարսն, մինչեւ իջուցին ի Մեծամաւր: Եւ որք ի դարանին էին, ընդդէմ եկին. Եւ ի մէջ առեալ՝ զայն չորեք հարեւր արսն կոտորեցին, եւ ինքեանք իջեալ յայլ զաւրսն գնացին: Արդ՝ այնք, որք յամրոցին Արտից գեղջն էին, ի գիշերին ի դուրս ելեալ՝ իջին ի վերայ Պարսից. եւ կտրեալ զերիվարս նոցա աւելի քան զերկու հազար եւ հինգ հարեւր, եւ հանին ի Սրոց ձոր: Իսկ զաւրացն Պարսից զհետ մտեալ գողոցն, եւ հասեալ յայն տեղի՝ որ կոչի Գողոց աղբեւր, եւ դարձան ի վերայ նոցա ձիատարքն, եւ հարին պարսաքարաւք եւ աղեղամբք հինգ հարեւր եւ քսան այր: Եւ զերիվարսն առին եւ խառնեցին յայլսն, եւ եղեն երեք հազար ձի:

Իսկ ոմանք հետեւակեալք՝ ձորամուտք եղեն ի Պարսից զաւրացն. եւ գնացին յանտառն, եւ անկան ի վերայ ձիագողացն եւ սկսան կոտորել: Իսկ որ աւագն էր ի ձիագողսն, որոյ Սրեմն կոչէին, դարձաւ ընդդէմ, եւ սուր հանեալ՝ ինքն միայն պատերազմեցաւ, մինչեւ դարձան ընկերք նորա: Եւ իբրեւ նոքա դարձան՝ Սրեմ մեռաւ, զի հարին նետիւ ի սիրտ նորա. եւ թաղեցաւ ի նոյն ձորն, որ կոչեցաւ անուն ձորոյն այնորիկ Սրեմաձոր: Եւ ընկերքն քարիւ եւ նետիւ ընդդէմ դարձան, եւ սպանին զբազումս. եւ այլքն փախստական եղեալ՝ եկին ժողովեցան ի մի վայր, եւ իջեալ ճաշէին:

Now as soon as they approached the site of the monastery, the clerics came forth and prevented them [from proceeding] because of Suren. So Smbat grew angry and said: "If you Iranians are so abominable that you are unworthy of lairs, how is it that you are worthy of life?" And Varaz, prince of Palunik' attacked Suren, striking him with a sword and cutting off his head. They strangled two Iranian princes by hanging them from a tree, and then returned to the horses. The 300 troops of the prince of Palunik' were hidden on the hill in a small stronghold on Mecamor, below Andak. They rode the horses until they had descended to Mecamor. Those who were in ambush sprang out. They cut down 400 [Iranians] by trapping them between themselves. Then [the Armenians] descended to the other troops and departed. Now as for those who were in the fortress at Artic' village, at night they came out and fell on the Iranians. They cut loose more than 2,500 of their horses and led them to Sroc' valley. Now the Iranian troops had followed the thieves and reached them in the place called Goghoc'[27] Spring. The horse-thieves turned upon them and 520 men were hit with slings and bows. They took their horses and added them to the others, making 3,000 horses.

Some of the foot soldiers from the Iranian force had entered the valley, gone into the forest, fell on the horse-thieves and began to cut them down. Now the senior among the horse-thieves who was called Srem, turned against them, took out his sword and fought them alone, until his comrades returned. As soon as that happened, Srem died, for they had struck him in the heart with an arrow. They buried him in the same valley which was thereafter named Sremajor. With stones and arrows the comrades went against them and killed many men, putting others to flight. Then they assembled in one place, encamped and ate.

---

27 *Goghoc'*: thieves'

Իսկ ոմանք յՈղկանայ ելեալ՝ գային որսոյ պատճառանաւք՝ երկերիւր եւ յիսուն այր: Իբրեւ տեսին՝ զի յանհոգս էին իջեալ Պարսիկքն, գողաբար յարձակեցան ի վերայ, եւ ոչ ոք կարաց յերիվարսն ելանել. այլ ի շուրջ եկեալ, եւ ի սեղան անդր սպանին հինգ հարեւր եւ ութ այր. եւ վասն որ անդ ժողովեալ սպանին, կոչեցաւ անուն տեղւոյն Ժողովս:

Եւ մինչ այս այսպէս գործեցաւ, Սմբատ եւ իշխանն Պալունեաց թագեան ի ձոր ուրեք: Եւ առաքեցին զոմն ի Մեղտի, թէ՝ «Փութացէք գալ ի վերայ դոցա». եւ ինքեանք առաքեցին արս հարեւր, գրգռել զզաւրսն Պարսից: Զոր տեսեալ զաւրացն, գոռհ տուեալ զհետ՝ մի մի հասանէին: Իբրեւ եկին վաւրքն առ Սմբատ, ասեն. «Տո՛ւք զձեզ ի բլուրն, զի տեղին աջող է պատերազմի. եւ անձնապահ լիք, մինչեւ մեր զաւրն հասանէ»: Եւ նոցա ի բլուրն ելեալ, եւ զաւրացն Պարսից բազմանալ ի վերայ Սմբատայ եւ Վարազայ, եւ նոցա կրկնեալ՝ ծունր Աստուծոյ, յաւգնութիւն կոչելով զսուրբ Կարապետն. «Ցիշեա, ասեն, զերախտիս մեր. եւ որպէս ի հեռուստ աւգնեցեր, ի մաւտոյս մի՛ վերջանար ի մէնջ»: Եւ եհաս ի թիկունս աւգնութիւն Աստուծոյ:

Եւ փողոց տուեալ ի վերայ բլերն, Սմբատայ՝ յաջ թեւն, եւ Վարազայ՝ յահեակն, եւ սկսան արեամբ թաւթաւել ինքեանք եւ երիվարք իւրեանց: Եւ մածաւ սուրն ի ձեռինն Սըմբատայ, եւ ոչ կարաց հանել. Քանզի մածեաւ արիւնն ընդ սուրն եւ ընդ ձեռնատեղին, եւ կոտորեցաւ: Եւ իբրեւ տեսին Պարսիկքն՝ եթէ ոչ կարաց առնուլ այլ սուր, ձայն տուեալ՝ ասէին ցմիմեանս. «Փութասջիք, զի մածեալ է ձեռն քաջին, եւ կապեաց զնա Աստուածն իւր, եւ սուրն ի ձեռին կոտորեալ է»: Եւ պատեցին զնա բազումք. եւ իբրեւ զփայտ չոր, որ ի ճեղքիլն ճարճատէ, այնպէս ճարճատէին ի վերայ գըլխոյն Սմբատայ զէնք: Իսկ նա բարձր ձայնիւ ասէր. «Վա՜յ քաջութեանդ ձերոյ, զի ոչ կարացիք ճեղքել զգլուխ իմ»: Զայս ասաց, զի յիշելիք լիցի բանն: Բայց իբրեւ գիտաց՝ եթէ կարի սաստկացան ի վերայ նորա, ձայն բարձեալ՝ ասէ.

Now some 250 men had gone out of Oghkan to hunt. As soon as they saw the Iranian army unconcernedly at its ease, they stealthily attacked, not allowing anyone to mount his horse. Rather, they surrounded them in the same spot. Five hundred and eight men were killed at that table, and since they were all gathered there, the place was named Zhoghovs.[28]

While this was taking place, Smbat and the prince of Palunik' were hidden in some valley. They sent someone to Meghti, saying: "Hurry and come against them," while they themselves sent 100 men to provoke the Iranian troops. When the soldiers saw this, they attacked and [the two groups] reached each other. When the troops came to Smbat they said "Get onto the hill, for it is a favorable site for a battle, and be careful until our troops arrive." They ascended the hill, but the Iranian forces increased against Smbat and Varaz. The latter two knelt before God and called upon the aid of St. Karapet. "Remember," they said "our service, and as you helped us from afar, now do not abandon us at close range." And the aid of God came to them.

The trumpet sounded on the hill. With Smbat leading the right wing and Varaz the left, these two began to drench themselves and their horses in blood. Smbat's sword became stuck to his hand and he could not unstick it, since the blood was glued to the sword and to the hand and it broke off in his hand. Once the Iranians saw that [Smbat] was unable to take another sword, they gave word to one another, saying: "Hurry up, for the *k'aj*'s hand is stuck, his God has bound him, and the sword is broken in his hand." Many men surrounded [Smbat]. The weapons crashed over Smbat's head like dry wood splitting. Now he shouted in a loud voice: "Vay, woe is your bravery for you cannot even cut off my head." He said this so that the words would be remembered. But when he saw that they had greatly multiplied against him, he raised his voice and said:

---

28 *Zhoghovs:* "Assembly".

«Ո՞ւր ես, բազո՛ւկ քաջ, եւ մուրճ հզաւր ընդդէմ թշնամեաց, գաւազան իմոյ ծերութեանս, իշխան Պալունեաց. յառաջ մատիր որպէս քաջ արծուի, զի անգեղք եւ բուէճք պատեցին զիս»:

Եւ նորա թողեալ զահեակ թեւն յորդին իւր Վահան, որ զՎահանովիտն շինեաց, եւ ինքն քաջաբար, որպէս զարծուի կանչեալ՝ դիմեաց ի վերայ: Որ եւ ի դողման հարեալ ամենայն երիվարացն, եւ հասեալ ի թիկունս Սմբատայ, եւ բախեալ զտէգն ի վերայ պարսկին թիկանն, եւ աընդէն եհան ընդ ողն երիվարին. եւ այլ ոչ ժամանեաց հանել զտէգդ՝ թէ քանի՛ կանգուն է. մի՛ ոք սուտ ասէ՝ թէ երեք գիրկ է, եւ խաբէ զքեզ»: Եւ անդէն մեռաւ:

Իսկ Սմբատայ ելեալ յեզր պատերազմին, եւ ձախ ձեռամբ պրկեաց պարսիկ մի, եւ ետ զենուլ ի վերայ ձեռինն եւ սրոյն, զի իջցէ ջերմ արիւնն եւ թուլացուսցէ զբռնատեղն: Եւ փոխեալ այլ սուր, եւ ելեալ յերիվարն. եւ իբրեւ հեծաւ, ետես զի հազար այր պատեցին զնա կրկին, եւ ի մէջ առեալ զհինգ հարեւրն: Եւ իբրեւ գիտացին՝ եթէ կացեալ են երիվարքն, եհար պարսիկ մի եւ ընկէց, եւ զերիվարն առեալ՝ մատոյց Վարազայ իշխանին, եւ ասէ. «Է՛ջ եւ հեծի՛ր իշխան Պալունեաց»: Իսկ նորա փոխեալ զուտնն, նստաւ ի վերայ նորա. զոր տեսեալ զաւրացն՝ զարմացան. եւ այսպէս արարեալ՝ ի մէջ ահաւոր պատերազմին փոխեցին զերիվարս իւրեանց: Զի որչափ եւ զաւրքն բազմանային, նոքա յանհոգս լինէին ի մէջ նոցա. զի այնչափ կոտեցան ի վերայ, որ եւ տեղի չգտանէին՝ որ յեզր ելանէին:

"Where are you, prince of Palunik', brave arm and strong mallet against the enemy, the cane of my old age? Come forward like a brave eagle, for vultures and horned owls have encircled me."

[Varaz, prince of Palunik'] entrusted the left wing of the army to his son Vahan (who built Vahanovit) and he himself, valiantly, like an eagle, went [to Smbat's aid], causing all the horses to quake with fear. Coming to Smbat's aid, he struck an Iranian on the shoulder with his lance and the weapon passed through the horse's spine. He was unable to remove it. At this he mocked him, saying: "Go measure your lance and see how many cubits long it is. Let no one fool you and say falsely that it is three fathoms." And with that, [the Iranian] died.

Now Smbat went to the edge of the battle and pinioned an Iranian with his left hand and sword, sacrificing him in that fashion, since warm blood was pouring down and loosening the [stuck] handle. He changed his sword and mounted another horse. As soon as he did so, he saw that 1,000 men had surrounded him again, and that he was caught between [two groups of] 500 men. When [the Armenian forces] knew that [the Iranians] had horses, [Smbat] struck an Iranian and he fell. [Smbat] took the man's horse and offered it to prince Varaz, saying: "Descend and mount, prince of Palunik'." Now the prince turned on one foot and sat on the horse, [a feat] which astonished the troops. Thus, in the midst of a frightful war, did they change their horses. No matter how much the [enemy] troops increased, they remained tranquil in their midst. [The enemy] so massed against them that they could find no place to exit.

JOHN MAMIKONEAN

Եւ իբրեւ սկսան ոմանք երկմտել ի զաւրացն Սմբատայ, ըստ տեսչութեանն Աստուծոյ տեսին զմեւս Սմբատ՝ զի գայր, որ էր իշխան Հաշտենից. եւ ածէր զՎահան Կամսարական՝ զորդին Սմբատայ, եւ վեց հազար այր ընդ նմա: Զոր տեսեալ Վարազ իշխանին, աղաղակեաց եւ ասէ. «Քաջորդի Վահան, ո՞ւր էիր՝ ոչ վաղ եկիր յաւգնութիւն»: Իսկ Վահան ձայն բարձեալ, ասէր հանդերձ արտասուաւք. «Կա՞յ այն տառապեալ հայրն իմ ծերունի, եթէ՞ փոխեցաւ առ Տէր ի հանգիստ»: Իսկ Սմբատայ լուեալ, ասէր. «Սուրբ Կարապետն ինձ ի թիկունս հասեալ էր, եւ ես ի ձեռաց անաւրինաց մեռանէի»: Իսկ նորա զոհացեալ զԱստուծոյ, եւ ի դիմի հարեալ՝ եւ կտրեցին փողոց, անցին ի ներքս. եւ պարզեցին զմի թեւն նա, եւ զմիւսն իշխանն Հաշտենից Սմբատ. եւ յինքեանս առեալ զպատերազմն եւ սկսան կոտորել զպատերազմազլուխսն: Եւ ի վերայ շրջեալ, զմեւս թեւն Վահանայ բոլորեալ, ի մէջ առեալ զզաւրսն Պարսից, կոտորեցին մինչեւ յերեկոյն:

Եւ իբրեւ ի մուտս եղեւ արեւն, մնացին ի Պարսիցն չորեքհարեւր այր, որք ընդ միջոցն ելեալ փախեան, եւ քանզի մնացեալք էին երիվարք նոցա, երթեալ մտին ի ձոր մի, եւ ննջեցին՝ խոյս տուեալ մինչեւ ի միւս աւուր հասարակն: Զոր եկեալ զաւրացն՝ գտին, եւ ջուր ցանեալ զարթուցին, եւ առեալ տարան զնոսա՝ ի Մեղտի. եւ կոչեցաւ տեղին այն Թմբրաձոր: Իսկ Սմբատ հրամայեաց զդիակունսն կուտել ի վերայ իրերաց ի բլուրն. եւ վասն Վարազայ կոտորածին՝ կոչեցաւ տեղին այն Վարազաբլուր: Եւ ինքեանք եկեալ իջեւանեցան ի վանաց գիւղն, որ կոչի Կենաց վայրք. եւ իբրեւ մտին ի գեւղն, ընդ առաջ եղեն նոցա պարաւորքն, եւ երգս առեալ բազում ինչ իրաց՝ գովէին: Որ յետոյ ի հոտել դիականցն եւ յորդնել, չէր հանեալ՝ ասէին.

HISTORY OF TARON

Some of Smbat's soldiers began to waver. Through the providence of God, they spotted the other Smbat (who was prince of Hashteank') coming, and with him Smbat's son, Vahan Kamsarakan, with 6,000 men. When prince Varaz saw this, he cried out "Son of a *k'aj*, Vahan, where were you that you did not come to [our] aid sooner?" Vahan raised his voice and exclaimed through [his] tears: "Does my poor old father still live, or has he gone to the Lord to rest?" Smbat heard this and said: "St. Karapet came to my aid as I was about to die at the hands of the impious." Now [Vahan] thanked God and struck forward, cutting a path and advancing in. He cleared one wing while Smbat, prince of Hashteank', cleared the other, and, taking on the [conduct of the] war themselves, they commenced cutting down the leaders. Moving around, Vahan encircled the other wing, and having trapped the Iranian troops in the middle, they destroyed them until evening.

When the sun set, 300 Iranians remained alive and found some way to flee. Since their horses had remained [elsewhere, with the Armenians], they went into a valley [on foot], hid themselves, and slept, eluding [the Armenians] until noon of the following day. [The Armenian] troops then came and found them, threw water on them and woke them up. Then they took [the Iranians] to Meghti. And that place was named T'mbrajor[29]. Smbat ordered that the corpses be piled one atop the other on the hill, which, because of the carnage committed by Varaz, was named Varazablur. Then they went and spent the night in a village of the monastery named Kenac' vayrk'[30]. As soon as they entered the village, old women came before them and sang, praising their many exploits. They said later when the corpses (which had not been removed) started to decay and stink:

---

29 *T'mbrajor:* Valley of Sleep.
30 *Kenac' vayrk:* Place of Life.

Կերան գազանք զմարմինս դիականցն Վարազայ եւ գիրացան: Կուզ կերեալ, ուռաւ որպէս զարջ, եւ աղուէս հըպարտ եղեւ քան զառեւծ: Գայլ, քանզի շատակեր էր, պայթեաց. եւ արջ, քանզի զոր ուտէն՝ չմնայ առ ինքն, ի սովոյ մեռաւ: Անգեղք քանզի ագահք էին, նստան եւ այլ ոչ կարացին վերանալ. մկունք, քանզի շատ կրեցին ի ծակսն, ուրքն մաշեցան»:

Զայս ամենայն ասացին, եւ ի դէպ էր վասն իրացն. որ եւ կոչեցաւ գեղջն այնորիկ Շիրականիք:

Իսկ զարսն՝ որ ի Մեղտի տարան, բժշկել ի ցաւոց վիրացն, եւ ետ նոցա գանձս եւ երիվարս եւ զէնս. եւ յղեաց զնոսա ի Պարսիկս: Եւ ինքեանք ելեալք ի տէրունական տունն, ընծայս բազումս մատուցին Աստուծոյ ի Սուրբ Կարապետն, եւ ցնծութեամբ դարձան ի տունս իւրեանց:

Եւ ի սոյն աւուրս վախճանեցաւ երանելին Ստեփաննոս, եւ կայ առ յայլ հարսն ի Հայրաբլուրն: Եւ առեալ Վահանայ զեպիսկոպոսունսն Մամիկոնենից եւ զՊալունեաց եւ զՀաշտենից, եւ եկն ի վանսն Գլակայ. Եւ ձեռնադրեցին հայր վանացն զԵպիփան, որ ի Դունայ գաշտէն էր եկեալ յանապատ, եւ բնակեալ ի վայրսն եկեղեցւոյն: Սա եկաց քաներրորդ երկրորդ զկնի Ստեփաննոսի. եւ կացեալ ի վանականութեանն ամս քսան, եւ գնաց ի ժողովն՝ զոր արար Հերակլ յինն եւ ի տասն ամի թագաւորութեան իւրոյ, եւ նզովեցին զամենայն հերետիկոսունս. եւ եպիսկոպոսն Հաշտենից հալածական լինէր յերկիրն Յունաց:

"Beasts devoured and grew fat on the bodies Varaz made corpses of. The cat ate and swelled up like a bear. The fox grew prouder than a lion. The wolf burst, since it ate a lot. And the bear died of hunger since what it ate did not stay with it. The vultures, since they were greedy, perched and were unable to leave. The mice, since they carried off much to their holes, wore their feet out."

They said all this, and it suited the reality. The name of the village was called Shirakanik'.

Now as for the men whom they had taken to Meghti, they healed them of their wounds, gave them treasures, horses, and weapons, and sent them to the Iranians. They themselves went to the House of the Lord, gave many gifts to God at [the church of] St. Karapet, and then returned to their homes in joy.

In these very times the venerable Step'annos died. He is buried with the other abbots on Hayrablur.[31] Then Vahan took the bishops of the Mamikonean, Palunik' and Hashteank' [Houses] and came to Glak monastery. They ordained as abbot of the monastery Epip'an, who had come from the plain of Duin to the retreat and dwelt on the lands of the church. He became the 22nd [abbot] following Step'annos. He held the priorate for 20 years and went to the council which Heraclius[32] held in the 9th and 10th years of his reign [at which] they anathematized all the heretics. The [heretical] bishop of Hashteank' was driven off to Byzantine lands.

---

31 *Hayrablur:* "Hill of the Fathers."
32 Heraclius [610-641].

Դ

Դարձեալ այլ զաւր առաքեաց Խոսրով զաւրս ի վերայ ապստամբ տանն Մամիկոնէից, զՏիգրան զաւրապետն մեծ՝ քսան հազարաւ: Իբրեւ եկին յԱպահունիս, կոչեաց զՍմբատ առ ինքն. իսկ նա յղեաց զորդին իւր զՎահան Կամսարական, տեսանել թէ զինչ խնդրէ: Իբրեւ գնաց իմացաւ զիրսն, արձակեաց պատասխանի առ հայրն եւ ասէ.

«Սա բազում անգամ բարիս խոստանայ, եւ բազում անգամ չարիս. բայց խնդրէ զնշխարս Մուշեղայ իշխանին եւ զքո հաւրն Վահանայ, եւ զկինն Վախթանգայ եւ զորդին՝ զոր սպանին ի պատերազմին Վարազայ: Ապա թէ ոչ, գամ ի տեղին, ասէ, ուր հաւատք ձեր են. Զայն բրեմ եւ աւերեմ, եւ կրակատուն առնեմ զեկեղեցիս ձեր, եւ զձեզ ի դուռն արքունի խաղացուցանեմ»: Արդ զայս ասաց, եւ ինքն ընդ Հաշտեանս կամի գալ ի վերայ. այլ ես գնամ զհետ նորա. եւ դու ժողովեա զզաւրս մեր, եւ գնա ի սուրբ Կարապետն, աղաչեա զկրաւնաւորսն՝ աղաւթս առնել: Ողջ լեր ի Տէր»:

Իսկ Սմբատայ լուեալ զայս, առեալ զթուղթն՝ գնաց առաջի սրբոյ Կարապետին. տարածեաց զձեռսն առաջի սրբոյ սեղանոյն, սկսաւ լալ եւ ասել. «Զարթի՛ր Տէ՛ր, եւ զարթո զզաւրութիւնս քո: Տե՛ս Տէ՛ր, մի՛ լռեր Տէր, եւ մի՛ դադարեր. քանզի կարի խրոխտացաւ թշնամին ի վերայ մեր, այլ կամք քո եղիցին. բայց սակայն աղաչեմք, յիշեա զջանն մեր՝ որ ի վերայ քո վասն ուխտի սրբութեանն մերոյ, որ փառաւորեցի անուն քո սուրբ»:

IV

Once more Xosrov sent another army against the rebellious Mamikonean *tun*, [under] the great general Tigran, with 20,000 men. As soon as [Tigran] reached Apahunik', he summoned Smbat. However, [Smbat] sent his son Vahan Kamsarakan to see what [Tigran] wanted. When [Vahan] went and found this out, he sent a reply to his father, saying:

"[Tigran] many times promised good things, and many times evil things. But he demands the remains of prince Mushegh and of your father Vahan, as well as [the remains] of the wife of Vaxtang and his son whom Varaz killed in battle. 'Otherwise,' says he, 'I shall come to the place [hallowed to] your faith, I shall uproot and ruin it and turn your church into a fire-temple and carry you off to the royal court.' Now this is what he said. He wants to come upon [you] through Hashteank'. I shall go along with him. You [meanwhile] assemble our forces, go to [the church of] St. Karapet and beseech the clerics to pray [for us]. Stay well in the Lord."

When Smbat heard this, he took [Vahan's] letter and went before St. Karapet. He stretched forth his hands before the altar and began to weep and say:

"Arise Lord, and awaken Your forces. Lord, see, be not silent, do not delay, for the enemy scorns us greatly. May Your will be done. Nonetheless we beg that you recall our efforts for You, for the covenant of our sanctity, by which your blessed name is glorified."

Եւ զայս ասացեալ, ետ բերել երկոտասան թուր, եւ դը-նել առաջի բեմին մինչեւ պատարագ մատուցանէին. եւ ա-պա առեալ ասէ.

«Տէ՛ր, հաւատամք ի քեզ, թէ եւ այս սուրքս եղիցին խմոր այլ սուսերաց, եւ հրամանաւ քո յաղթեսցուք նոցա: Ո՞վ Տէր, նեղեցաք ձանձրացաք ի կոտորելոյ անգամ զա-նաւրէնսն. նեղեցան եւ որք զսուսերս մեր ի ժանկոյ եւ յարեանցն սրբեցին. այլ յուսամք՝ թէ որպէս արարերդ, եւ առնես»:

Եւ ելեալ գնաց ժողովել զզաւրսն, ինն հազար ինն հարիւր եւ քառասուն այր. եւ երթեալ էջ ի Հաշտեանս, ի գեւղն՝ որ Գիրեհն կոչեն, ի ջրառատ վայրսն: Եւ Տիգրան եկեալ ի Հոնընկէցն իջանէր. եւ առաքեաց առ Սմբատ, եւ ասէ. «Արի եկ առ իս, եւ մի՛ երկնչիր, եւ ա՛ռ յինէն զանձս եւ մեծութիւնս, եւ եդից պսակ ի գլուխ քո, եւ արարից զքեզ մարզպան Հայոց, միայն լոկ զոսկերսն Մուշեղայ եւ զՎա-հանայ տո՛ւր ցիս»: Իսկ նորա կալեալ զպատգամաւորսն, հրացոյց շամփուր մի երկաթի, եւ եդ պսակ շուրջ զճակա-տովն եւ ասէ. «Կաց տեսանեմ՝ թէ վասն քո զի՛նչ պար-գեւս գայցէ ինձ, որ ես զքեզ պսակ եդի»: Եւ հրամայեաց ունել զամենայն արսն՝ որ ընդ նմայն էին եկեալ, եւ կտր-եաց զգլուխս նոցա մինչեւ ցվեց ժամ աւուրն. եւ կոչեցաւ տեղին այն Մոգուց գերեզման, որ է Մոկկունս:

Իսկ Սմբատայ ելեալ ի վերայ լերինն, որ Սրեմավայրս ասեն. բանակեցաւ հանդէպ Տիգրանայ: Եւ իբրեւ երեկոյ եղեւ, Վահան Կամսարական որդին Սմբատայ յարուցեալ կտրեաց զգլուխ որդւոյն Տիգրանայ եւ զերից իշխանացն, զի էին ի միում խորանի. եւ առեալ զգլուխ՝ նոցա, եկն առ հայրն իւր, եւ դարձեալ եկն ի նոյն տեղին. եւ գնացեալ գաղ-տութեամբ եմուտ ընդ ստորոտ խորանին առ Տիգրան:

Saying this, he had 12,000 swords brought and placed before the *bema* while the mass was being offered. Then he took them and said:

"Lord we believe in You and that these swords will be the leaven for other swords and that by Your command we shall defeat [the Iranians]. Oh Lord, we have become discomfited and weary from cutting down the impious; those who wiped our swords of rust and blood also are weary. We hope that You will do now as You have in the past."

Then [Smbat] went and assembled the troops—9,040 men. They went and encamped in Hashteank' at a village called Gireh in a well-watered place. Tigran came and encamped at Honankec' and sent to Smbat, saying: "Come to me without fear and accept from me treasures and greatness. I shall put a crown on your head and make you the *marzpan* of Armenia. Only give me the bones of Mushegh and Vahan." But [Smbat] seized the emissaries and, heating a spit of iron to red-hot, he placed it as a crown on the brow [of the chief emissary], saying: "Wait! Let me see what gifts I shall receive for your sake since I crowned you." Then he ordered all the men who had come with [the chief emissary] seized, and [the Armenians] severed heads until the sixth hour of the day. That place was named Moguc'[33] Cemetery, or Mokkunk'.

Now Smbat went onto the mountain called Sremavayr and encamped opposite Tigran. As soon as it was evening, Vahan Kamsarakan, Smbat's son, arose and cut off the head of Tigran's son and of the three princes who were in the same tent. Taking their heads he came to his father. Then he returned to the same place and secretly entered [under the flap of] Tigran's tent.

---

33 *Moguc'*: Mages'

Իսկ նորա տեսեալ զսուսերն մերկ ի ձեռին նորա, ոչ իշխեաց ումեք ձայն տալ. կարծեաց թէ զկարասին կամի գողանալ: Իսկ Վահանայ յանկարծակի առեալ բարձ մի, անձապարեալ ձգեաց ի վերայ բերանոյ նորա, եւ հարաւ ի վերայ նորա. եւ մտեալ միւս այլ ծառային Վահանայ՝ կտրեաց զգլուխ նորա, եւ ժողովեալ զկարասին եւ զպատուական ակունսն՝ եւ զընտիր սուսերն, եւ գնաց: Եւ խնդացեալ զաւրացն Հայոց, մեծ գոհութիւն Աստուծոյ մատուցանէին. եւ ապաշաւեցին, զի զգերեզմանս իշխանացն աւարեցին:

Իսկ Վահանայ լցեալ իմաստութեամբ, առեալ երկերիւր կաշեայ ասպար, եւ արկ հարեւր ջորեաւք ամեհեաւք, երկաթ մի յայս կոյս ասպարին, եւ երկաթ մի յայն. եւ գնաց մերձ ի բանակն Հոնին՝ որ փոխանակ էր Տիգրանայ, եւ ունէր ընդ ձեռամբ իւրով ութ հազար այր, եւ բանակեալ էր մերձ ի քարագլուխն՝ որ հայի հանդէպ Տարաւնոյ լերինն. եւ էր սա զաւակաց յայլոց բանակացն. արդ՝ առեալ Վահանայ զհարեւր ամեհի ջորիսն, եւ տարաւ զնոսա յեզր բանակին. Եւ ի տասն ջորիսն այր մի՝ որ զհետ երթայր: Եւ իբրեւ խթեցին զջորիսն սրով եւ արկին ի բանակն, եւ ինքեանք զհետ մտեալ՝ զփող պատերազմին հնչեցուցին, եւ առ ձեռն սկսան կոտորել. եւ կանչեալ՝ զարհուրեցան, եւ աղմկեցան յոյժ: Քանզի եւ ջորիքն ընդ ձայն ասպարացն, եւ ընդ զաւրացն աղմկել, եւ ընդ փողոցն բախելն խրտուցեալ՝ յամենայն կողմանց լոկ արշաւէին ի բանակն: Եւ զաւրքն կարծէին եթէ հեծեալ է, եւ ձայն սուսերացն ի կոտորելոցն է, իւրաքանչիւր ոք լոկ փա՜յ ճչէին, ոչ գիտելով զհետս անձանց. քանզի Տէր պատերազմէր ընդ նոսա:

HISTORY OF TARON

Now when [Tigran] saw the naked sword in [Vahan's] hand, he did not dare call out to anyone, thinking that [Vahan] wanted to steal the equipage. But Vahan suddenly seized a pillow, quickly threw it down over [Tigran's] mouth, and pounced on him. Another servant of Vahan's entered [the tent] and severed [Tigran's] head. Then he gathered up all the furnishings, precious stones and choice swords, and departed. The Armenian troops were delighted and offered great thanks to God. They[34] regretted that they had ruined the princes' graves.

Now Vahan, filled with wisdom, took 200 leather shields and attached them to 100 wild mules, placing [a piece of] iron on each side of the shield. Then, with 8,000 men under his direction, he went near the camp of [the] Hun who had been substituted for Tigran. He encamped close to the crag which is opposite Taron mountain[35]. It was separated from the other camps. Vahan took the 100 wild mules and led them to the edge of the camp with one man going along with every 10 mules. With their swords they goaded the mules into the camp while they themselves followed, sounding war trumpets. They started to cut down those nearby, shouting and terrifying [the Iranians] and making a great racket. The mules invaded the camp from all directions, frightened by the noises of the shields, the shouting of the soldiers and the clamor of the trumpets. The [Iranian] troops thought [the attackers] were mounted and that the clanging of the swords was the result of a slaughter. Each [man] could only shriek "Vay!" not knowing the real state of affairs, for the Lord did battle with them.

---
34 This sentence is uncertain and lacking in one *ms*.
35 Three *mss*.: Tawros mountain.

JOHN MAMIKONEAN

Արդ՝ քանզի այլ զաւրքն ոչ կարէին անցանել, զի էր մութն, եւ մեր զաւրքն լոկ սատակելով նեղէին, եւ զքարա գլուխն բնաւ չկարացին յիշել, զի յիմարեցոյց զնոսա Տէր, ապա թողեալ զկարասին՝ դէմ փախստի ի քարագլուխն արարին. եւ սկսան ի վայր հոսել ահաւոր վիմացն ընդ բարձրութեան: Եւ ոչ ոք կարաց գիտել զիրսն, մինչեւ պակասեցաւ ճիչ աղաղակին, եւ ապա գիտացին զաւրքն Հայոց՝ թէ ընկղմեցան Պարսիկքն. դարձան ինքեանք ի բանակեաղ, եւ զկարասին եւ զզանձն ժողովեցին եւ զերիվարսն եւ զուղտսն, եւ արձակեցին ի գաւառն Պալունեաց: Եւ ընդ ձի, եւ ընդ ջորի եւ ընդ ուղտ եւ ընդ էշ՝ գտաւ ութ եւ տասն հազար, որ ծածկէր զերեսս գաւառին: Արդ իբրեւ առաւաւտ եղեւ, սկսան խնդիր առնել Տիգրանայ եւ որդւոյ նորա. եւ ոչ գտին: Ապա զհետ փախստէիցն մտեալ խնդրէին, եւ հայեցեալ տեսին զնոսա գահավիժեալս: Ապա միաբանեալ՝ արարին իւրեանց իշխան զՄիհրխոսրով. եւ բարկութեամբ լցեալ, ռազմ կարգեցին:

Իսկ Սմբատ զՎահան կողմնապահ էր թողեալ ի գիշերի չորեք հազարաւ. եւ զերկու հազար ի դարանի կացուցեալ ընդ երկուս դեհս: Եւ ինքն զայլ զաւրսն ռազմն կարգեաց, եւ ետ զաջ թեւն Վարազայ իշխանին Պալունեաց. զի այնչափ հզաւր էր, որ մարդոյն քան զմինն այլ ոչ կրկնէր: Եւ զահեակ թեւն տայր իշխանին Հաշտենից, եւ ինքն թողու իւր թիկնապահ զՎարազայ որդին զՎահան: Եւ գումարեցան ընդդէմ միմեանց, եւ եկին առ միմեանս Միհրխոսրով եւ Սմբատ, եւ սկսան հարկանել զգլուխս իրերաց:

Now the other [Iranian] troops were unable to advance because it was dark and our army plagued them with nothing but death. They were entirely unable to recall the crag, for the Lord made them dumb. So they left their equipage and fled straight toward the crag. They started to fall down from the heights of gigantic rocks and no one knew what was going on until the noise of the shrieks diminished. Then the Armenian troops saw that the Iranians had been buried. They themselves returned to [the Iranians'] camp and gathered up the equipage, treasure, the horses and camels, and sent them to the Palunik' district. Among the horses, mules, camels and asses they found [a total of] 18,000 [animals] which covered the face of the district. Now as soon as it was morning, they started to inquire after Tigran and his son, but they did not find them. So they went after the fugitives to find out [where the two were] and saw that they had fallen off the cliff. But then [the Iranians] unitedly made Mihrxosrov their prince and, filled with anger, they got into battle formation.

Now Smbat had left Vahan as lieutenant during the night, with 4,000 men. There were 2,000 men placed in ambush in two places. [Smbat] himself arrayed other troops in battle formation, giving command of the right wing to the prince of Palunik', Varaz, who was so mighty that no man could equal him. [Smbat] entrusted the left wing to the prince of Hashteank' and left as his body-guard Varaz' son, Vahan. [The two enemies] massed opposite one another. Mihrxosrov and Smbat approached each other, and they began to strike at each other's heads.

Եւ դիմեաց զաւրն Պարսից ի վերայ Սմբատայ իբրեւ զմեղու, եւ սկսաւ պակասել Սմբատ, քանզի այր ծերացեալ էր. Ձայն բարձեալ, ասէր. «Ո՞ւր ես Վահա՛ն որդեակ, հաւսիր»: Եւ նորա ձայն արկեալ ի սուրբ Կարապետն, ասէր. «Ահա ժամ, ո՛վ Մկրտիչ Քրիստոսի Կարապետ Յովհաննէս. ո՞ւր են իմ սուրբ կրաւնաւորացն աղաւթքն:» Եւ մըտեալ յռազմն, ցրուեաց զժողովեալսն ի վերայ հաւրն իւրոյ. եւ Սմբատ ոգի առեալ, ածեալ զսուրն եւ եհար զուսն, եւ թիկնախառն ի վայր ընկէց զգլուխ աւագի նոցա. եւ սուր ի վերայ եդեալ փախստական արարին, մինչեւ ի դարանսն: Իսկ դարանակալքն յարուցեալ, ի մէջ առին զնոսա. եւ բազմաց կորուստ եղեւ այն աւրն եւ չորեք հազար գլուխ համարով ընկեցին ընդ քարն, որ կոչեցաւ Հոնընկէց: Եւ ժամանեաց նոցա երեկոյ, եւ զաւրքն Պարսից փախստական եղեալ՝ իջին ի Հաշտեանս ութ հազար այր. եւ անդ հանդէս արարեալ զաւրացն, եւ կոչեցաւ անուն տեղւոյն այնորիկ Հանդիսեամք. եւ խաբանաւք կամէին գնալ յԱպահունիս:

Իսկ Սմբատայ իմացեալ եթէ գնացին, յարուցեալ մըտին զհետ նոցա, եւ ի վաղիւն հասին: Եւ իբրեւ բանակեցան առ իրերաւք, խորհեցան սոքա գնալ ի վերայ Պարսիցն, եւ կազմեցան առ երիկունն: Եւ դեռ սոքա յայս էին, եկին հասին զաւրք յԱպահունեաց իբր երեք հազար. եւ տեսինզաւրքն Հայոց՝ զի խառնեցան ի պարսիկս զաւրքն Ապահունեաց, լքան եւ յերկիր կործանեցան. եւ ինարս իմացեալ, ընդ Մարկուց փոխն ի վայր գնացին յեզր Արածանոյ, եւ անդ բանակեցան:

The Iranian army attacked Smbat like [a swarm of] bees. Smbat began to grow weak since he was an old man. He raised his voice and cried: "Where are you Vahan, my son? Come to me." And he cried out to St. Karapet: "Oh Yovhannes Karapet, baptizer of Christ, the hour has come. Where are the prayers of my holy clerics?" Entering battle [Vahan] scattered the people gathered about his father. Then Smbat took heart, raised his sword and struck at the shoulder of their senior [commander] whose head and part of the shoulder fell to the ground. Putting their swords to work, they caused [the Iranians] to flee as far as the ambuscade. Then those lying in wait sprang out and trapped [the Iranians] in their midst. There was great destruction on that day. They tossed a total of 4,000 heads down from the rock named Honenkec'. It was now evening and some 8,000 men of the Iranian troops fled, encamping in Hashteank'. They held a military review there—whence the place name Handiseank'. They wanted to go on to Apahunik' by trickery.

Now when Smbat learned that they had gone, he arose and went after them, reaching them the next day. As soon as [the two groups] encamped opposite each other [the Armenians] planned to go against the Iranians and they organized at night. But while they were still at this, some 3,000 soldiers from Apahunik' arrived. When the Armenian troops saw that the forces from Apahunik' had mingled with the Iranians, they abandoned [their position] and concealed themselves. Finding a way out, they descended to the bank of the Aracani [river] through the Markuc' pass, and there they pitched camp.

Իսկ պարսիկքն յարուցեալ զհետ մտին նոցա, եւ տուեալ ցետոյն՝ նեղէին զնոսա: Իսկ Սմբատայ զամենայն զյոյսն իւր յԱստուած արարեալ, ասէ. «Ո՜վ Տէր, գիտեմ զմարդասիրութիւն քո առ մեզ վաղընջուց. եւ այժմ տես զմեզ, զի աստի թշնամիքն, եւ անտի գետն». եւ արդ հայեաց ի մեզ, եթէ զիա՛րդ թշնամիք նեղեն զմեզ: Եւ կնքեալ զանձինս իւրեանց, դիմեցին ի վերայ Պարսիցն: Եւ երեւեցաւ նոցա ի պատերազմին այր մի ահեղ եւ լուսաւոր, եւ հեր նորա լոյս փայլատակէր: Զոր տեսեալ Վահանայ քաջի, խնդացեալ յարձակեցաւ ի վերայ նոցա. եւ կոտրեալ զզաւրսն երեք հազար, եւ եղեալ առաջի եւ տարաւ անցոյց ընդ Աստղաւնս, եւ պատեալ իջոյց զնոսա մինչեւ հանդէպ եկեղեցւոյն, որք կամէին ելանել ի նոյն տեղին, եւ զկրաւնաւորսն կամէին սպանանել: Իսկ զաւրութիւն Տեառն արգել զնոսա, եւ ոչ կարէին անցանել ընդ ձորն, յետս զգետնի դիպելով. զոր սովորեցան Ցետսանկ կոչել տեղոյն:

Իսկ զաւրքն եկեալ հասին յանտառն, որ հանդէպ վանացն հայի. եւ անդ թագեան: Իսկ Վահանայ աճապարեալ գնաց անդ, եւ սուր ի վերայ եդեալ՝ կոտորէր զնոսա. եւ ոչ մնաց յիշատակ անգամ, եւ կոչեցաւ տեղին այն՝ Մահու առիթ: Եւ խիստ վաստակեցաւ Սմբատ յաւուրն յայնմիկ. բայց ի թիկունս եհաս նմա Վարազ իշխանն Պալունեաց, եւ առաջի եդեալ զզաւրսն գետավէժ առնէին, մինչեւ եկին ի տեղին՝ զոր այժմ Կուրայ կոչեն: Եւ որք ի փախուստն երթային, կացին երիվարքն նոցա. եւ Պալունեաց իշխանն բազում զաւրաւք զհետ մտեալ, կոտորէին:

Now the Iranians arose, pursued and harassed them, forcing them against the river. Smbat, placing all his hope on God, said: "Oh Lord, I have long since known the kindness you have shown us. Now look at us, for the enemy is on this side and the river is on the other side. Behold how the enemy has put us into straits." Making the sign of the Cross over themselves, they turned upon the Iranians. During the battle there appeared to them a man awesome and luminous whose hair shed light. When *k'aj* Vahan saw him and knew that the man was Karapet, he joyously attacked killing 3,000 troops. Driving the rest before him through Asteghonk', he forced them to descend until they were opposite the church. [The enemy] had wanted to ascend to the same place and kill the clerics. But the power of the Lord prevented them, and they were unable to cross the valley. The place that they fell back at was called usually Yetsank.[36]

Now the [Iranian] troops reached the forest which is opposite the monastery, and they hid there. Vahan hurriedly went there, and putting them to the sword, cut them down leaving not even one [alive] to tell [of the event]. That place was called Mahu Arhit'.[37] Smbat was extremely fatigued that day, but to his aid came Varaz, prince of Palunik'. They drove [Iranian] troops before them, throwing them into the river until they came to the place presently known as Kuray.[38] They seized the horses of those who had fled. The prince of Palunik' followed [those fugitives] with many troops and destroyed them.

---

36   One *ms.*: Yetang; another, Aycsan; another, Ayctan.
37   *Mahu Arhit'*: Cause of Death.
38   Two *mss.*: Kuran.

Եւ իբրեւ անդ եկին, ասէ Վարազ ցՊարսիկսն. «Զի սպառեցաք, փախի՛ք՝ որ մեք կոտորեմք»: Եւ նոքա ասեն. «Կորեաք մեք եւ մեռաք»: Եւ կոչեցաւ անուն տեղւոյն Կուրայ. եւ ի նոյն տեղւոջն սկսաւ մի մի ունել զնոսա, եւ թլփատսն կտրեաց. եւ էին համարով հազար վեց հարեւր եւ ութսուն: Իսկ այլք մտեալք ի գետն խեղդեցան արք երկու հազար:

Իսկ զոր Սմբատ կոտորեաց, գունդն այն անցեալ յայնկոյս ընդ Հովեանն՝ ի վերայ փախստականացն ընդ լեառն, իսկ արք ամրոցին ելեալ զկնի՝ նետիւք եւ պարսաքարամբք եւ գլաւք կոտորեցին արս երկու հազար եւ ութհարեւր: Եւ որք ապրեցան՝ էին արք հազար եւ քառասուն. որք փախուցեալք գնացին ի Պարսիկս առ Խոսրով: Եւ նա այլ զաւրս առաքեաց ի Տարաւն:

Ի սոյն ամի վախճանեցաւ Սմբատ, եւ ետ տանել զինքն ի տապանատուն հարցն իւրոց ի վանսն Գլակայ. եւ կայ ի դուռն սրբոյն Ստեփաննոսի, զոր շինեաց Ստեփաննոսն այն՝ որոյ մայրն հերձաւ, եւ եդ ի նշխարաց սրբոյն Ստեփաննոսի անդրանիկ նախավկային: Եւ ի նոյն ամի փախմանն Սմբատայ՝ փոխեցաւ հայրն Եպիփան առ Աստուած յետ քսան ամի. եւ նստաւ յաթոռ նորա Դաւիթ ամս երիս, որ է քսանեւերրորդ ի սրբոյն Գրիգորէ: Ի սոյն աւուրս կնքեցաւ Վահանայ որդին Տիրան ի վանս Գլակայ ի սուրբ Կարապետն, ի հայրապետութեան Դաւթի:

When they arrived there, Varaz said to the Iranians: "Since you are worn out, flee, so that we may kill you." And they replied: "We are lost and shall die," whence the place name Kuray. In that very place [Varaz] began to take them on, one by one, and to cut off their foreskins—1,680 of them. Some 2,000 other [Iranians] who fled into the river drowned.

As for the brigade [of the Iranian army] which Smbat destroyed, he found them crossed over to the other side [of the river] through Hoveank' over the fugitives on the mountain. But men from the stronghold came from behind and with arrows and sling-stones and rocks and killed 2,800 men. Those who survived, numbering 1,040, went to Xosrov among the Iranians. But he sent yet another army to Taron.

In the same year, Smbat died. He had his remains taken to his fathers' mausoleum at Glak monastery where he is buried by the door of [the church of] St. Step'annos, built by that Step'annos whose mother was torn asunder. And he placed in St. Step'annos the left toe of the blessed proto-martyr [Step'annos]. In the same year that Smbat passed, abbot Epip'an also was translated to God after [a directorship of] 20 years. Then Dawit' sat on his [episcopal] throne for three years, being the 23rd [abbot in succession] from St. Gregory. In these days, Tiran, Vahan's son, was baptized in the monastery of Glak in [the church of] St. Karapet, in the abbotship of Dawit'.

Ե

Եւ եղեւ յետ ութուտասն ամին, դարձեալ դժտնութիւն եղեւ ընդ Պարսիկս եւ ընդ Վահան. եւ առաքեաց Խոսրով զաւրս ի վերայ Տարաւնոյ, հինգ բեւր եւ վեցհարեւր: Որք բազում սրտմտութեամբ եկեալ հասանէին ի Տարաւն, եւ կամէին անցանել ի վանսն Գլակայ, զի հանցեն զոսկերս թըշնամեացն. եւ եկեալ բանակեցաւ ի Մուշ: Իսկ Վահան կոչեաց զորդին իւր զՏիրան քաջ, եւ ասէ. «Որդեա՛կ, մի՛ վասն զի ի մեծութեան ես՝ պատրիս ի մեղաց, եւ մի՛ վասն զի մանկիկ ես՝ խաբիր ի գեղ կանանց. այլ յիշեա զքո հարսն, ո՛րքան սրբութեամբ եւ անբծութեամբ ծառայեցին Աստուծոյ: Մի՛ մոռանար զծառայութիւն սրբոյ Կարապետին, զի ի պատերազմունս նա էր՝ որ աւգնէր մեզ: Այլ եթէ շատակեաց կամիս լինել, ի պղծութենէ մի՛ պատրիր, որպէս եւ չես իսկ: Եւ եթէ ես մեռանիմ ի պատերազմին, զիս ի մեր վանսն տուր տանել: Եւ դու ծառայեա Աստուծոյ եւ կրաւնաւորաց նորա սրբութեամբ, որպէս եւ ես ծառայեցի. զի ոչ պատրեցայ ի գեղոյ, եւ ոչ զրկեցի, եւ ոչ նեղեցի զտառապեալս. քանզի զամենեսեան՝ որք ընդ իմով իշխանութեամբ էին, զարս եւ զկանայս եւ զմանկտիս, զհաւատացեալս ի Քրիստոս, իբրեւ զեղբարս եւ զընտանիս տան իմոյ հոգայի խնամով որպէս հարքն իմ: Որդեակ, զնոյն եւ դու արասցես, եւ Տէր զաւրացուսցէ զքեզ: Արդ գնամք ի պատերազմ:

V

After 18 years discord arose again between the Iranians and Vahan. Xosrov sent 50,600 soldiers to Taron who arrived there in a great rage, wishing to pass to Glak monastery in order to take the bones of [their] enemies. They came and encamped in Mush. Now Vahan summoned his son *k'aj* Tiran and said: "My son, do not be deceived into sin because you are mighty, and do not be tricked by beautiful women because of your youth. Instead, remember your fathers and with what sanctity and purity they served God. Do not forget service to St. Karapet, for in battles it was he who aided us. If you want to live long, do not be tempted into debauchery as you have not. And should I die in war, have [my remains] taken to our monastery. Serve God and His clerics with holiness as I have, for I have neither been deceived by beauty nor have I dispossessed or harassed the unfortunate. For I looked after everyone under my authority, men, women, and children, believers in Christ, like brothers and families of my *tun* as my fathers did, with concern. Son, if you do the same, the Lord will strengthen you. Now let us go to battle."

Եւ գնացին ի պատերազմ. եւ արձակեցին առ հայրն Գրիգոր, որ քսան եւ հինգերորդն էր, եւ նստաւ յաթոռ հայրապետութեան ամս ութ. եւ տարան ի պատերազմ երեք հարեւր ութսուն եւ հինգ կրաւնաւոր կնկղով: Իբրեւ խմբեցաւ պատերազմ յեզերս Արածանոյ, առ անտառովն՝ որ կոչի Կաղամախեաց բլուր, կրաւնաւորքն սեւազգեստք էին մազեղինաւք եւ կնկղաւորք, եւ ընդ տասն առնն ժամահար մի, եւ ընդ երկուսն՝ խաչադրաւշ բարձրաբռուն, եւ ճակատեցան նոքա ընդդէմ իրերաց ի պատերազմ՝ յայնկոյս գետոյն որ ի դաշտին. զոր տեսեալ թշնամիքն զարմանային: Եւ Վարդուհիի ոչ եմուտ ի պատերազմ. այլ «Տեսից, ասէ, թէ նոքա զի՞նչ գործեն: Եւ իբրեւ խմբեցաւ պատերազմն իրարս, եւ կամէին փախչել Վահանեանքն, յայնժամ նոցա ծունր կրկնեալ՝ միաբան աղաղակեցին առ Աստուած աղաւթիւք եւ լի արտասուաւք. «Ո՞վ Տէր, հա՛ր զմեր պատերազմն. ո՞վ Կարապետ, զարթի՛ր ի ձայն պաշտաւնէիցս»: Եւ զայս ասացեալ միաբան յոտն կացին, եւ զնշան խաչին դարձուցանէին ի վերայ թշնամեացն. եւ հարին զժամահարսն յանդուգն:

Եւ հայեցեալ Վահանայ ի գունդ կրաւնաւորացն, ետես յաջ թեւս նոցա երիտասարդ մի՝ ահագին տեսլեամբ, եւ թագ ծիրանի ի գլուխ նորա եւ խաչ. եւ ի հանդերձից նորա հուր փայլատակեալ: Եւ այլ երկուս երիտասարդական հասակաւ տեսանէր, որք առաջի կային թեւաւորք: Զոր եւ թշնամեացն տեսեալ՝ յիմարեցան, եւ ի գետ անդր լցան. եւ որք ի գետոյն յայն կոյս անցին, Մեղտայ ուշ արարին:

And they went to battle. They sent to abbot Grigor, the 25th [in succession from St. Gregory] who sat on the patriarchal throne for eight years, and they took along to the battle 385 hooded clerics. When the battle began on the banks of the Aracani [river] by the forest called Kaghamaxeac' hill, the black-robed clerics wearing hair-shirts and cowls [also were present] and for every 10 men was a bell-ringer, and between every two [men] a gonfalon on a high holder. They massed there opposite each other, on the other side of the river in the plain. When the enemy saw this they were astonished. [The Iranian commander] Varduhri did not enter battle, but said: "I shall see what they do." When the battle began and the Vahaneans wanted to flee [or: "the shield-bearers wanted to flee,"] then [the clerics] bowed their knee and in unison beseeched God with tearful prayers: "Oh Lord, win our battle. Oh Karapet, hearken to the voices of your servitors." Having said this together, they rose to their feet, made the sign of the Cross, and turned upon the enemy, with the bell-ringers boldly sounding forth.

Vahan looked at the clerics' brigade and saw in their right wing a youth of awesome appearance wearing on his head a purple crown and a cross. From his raiment fire shone forth. Before him, [Vahan] saw two other youths with wings. When the enemy saw this they went berserk, and piled into the river. Those who reached the other side headed for Meghti.

Իսկ Վահան ձայն տուեալ յորդին իւր Տիրան եւ յայլ զաւրսն, եւ ասէ. Ահա տէրն արարածոց Քրիստոս երեւի ի մէջ ծառայից իւրոց. զի նա է թագաւոր նոցա եւ մեր ամենեցուն, որ խոնարհեցաւ ի ձայն պաշտաւնէից իւրոց, եւ էջ ի փրկել զնոսա եւ զմեզ. արդ պնդեսցուք զկնի թշնամեացն: Իսկ անաւրինացն հասեալ ի Մեղտի, եւ գտին երկոտասան ծեր ի կրաւնաւորացն, եւ սպանին զնոսա. որք թաղեալք կան ի դուռն եկեղեցւոյն, զի այն իսկ էր խնդրուածք նոցա:

Իսկ Վահան մտեալ ի գետն, կապեաց զերիվարն ի վերայ ողինն հանդերձ զինաւն, եւ անց յայնկոյս ի գետն՝ զոր Պարսից դէմն կոչեն: Եւ անդ ժողովեցան ամենայն զաւրքն Վահանայ. եւ կրաւնաւորքն ի նոյն տեղւոջն աղաւթէին մինչեւ եհաս առ նոսա հայրն, որ ունէր զգլուխն Վարդուհրայ աւագի նոցա: Իսկ Վահանայ վարեալ զզաւրսն, եւ հասեալ ի դաշտն՝ որ ի վերայ Մատրավանիցն, եւ բոլորեալ ռազմ կանգնեցին: Եւ եկեալ առ միմեանս Վարդուհրի, եւ Տիրան՝ որդին Վահանայ, ասէ Վարդուհրի. Կախարդասարք, դուք ի կախարդսն էք պանծացեալ, եւ կախարդութեամբ կամիք յաղթել Պարսից քաջաց: Ասէ Տիրան. «Եթէ կախարդք եմք, դու վայր մի անսա՝ զի ես զքո ձիոյ ագիդ քեզ տեսանել տամ: Եւ աճապարեալ ի բաց ձգեաց զաջոյ ոտնն սռնապանաւքն հանդերձ. եւ նորա հակեալ յայնկոյս անկաւ: Ասէ Տիրան. Վարդուհրի, մի մեղադրեր. Գլուխդ հակեաց եւ ընկէց զքեզ. արդ ուղղեմ զբեռնդ: Եւ ապա բառնայ. Եւ կտրեալ զգլուխն ետ ցծառայ մի, եւ ասէ. Պահեա զդա, որ իջանեմք ի Մատրավանս եւ գնդի խաղամբ առաջի սուրբ Կարապետին. զի դա էր որ նախասէր զպաշտաւնեայս նորա:

Now Vahan called to his son, Tiran, and to the other troops, saying: "Behold the Lord of Creation, Christ, appears among his servants. For He is their king, and the king of us all Who hearkened to the voices of His servitors and descended to save them and us. Now go after the enemy!" The impious [Iranians] reached Meghti, found 12 old clerics there and killed them. They are buried by the door of the church, since that was their request.

Vahan entered the river, tied the horse on his back together with his weapon, and crossed to the other side, to the village named Parsic' *dem*.[39] All of Vahan's soldiers assembled there. And the clerics were praying in the same place until the abbot reached them bearing the head of [the Iranians'] chief, Varduhri. Vahan expelled the [enemy] soldiers and reached the plain above Matravank', where he made a circle and ranged his troops in battle. Varduhri and Vahan's son, Tiran, approached each other and Varduhri said: "Sorcerer! You are exalted in sorcery, and by sorcery you would vanquish the Iranian *k'aj*s." Tiran retorted "If I am a sorcerer, then obey a moment, so I may show you your horse's tail." And [Tiran] quickly struck off [Varduhri's] right foot together with the greaves. [Varduhri] leaned to the side and fell. Tiran said: "Varduhri, don't blame me. Your head was bent over and made you fall. Let me balance your load." And he cut off his head and gave it to a servant, saying: "Keep this for when we encamp at Matravank' and play polo in front of [the church of] St. Karapet, for it was [Varduhri] who insulted [Karapet's] clerics."

---

39 Three *mss.*: Parsic' koghmn.

Եւ ի մէջ առեալ զզաւրսն Պարսից, եւ սկսան փանդա-նել: Զի իշխանն Պալունեաց կտրեաց երկու իշխանս, եւ ե-հան զնոսա մինչեւ ի Հաշտեանս: Եւ իբրեւ եհաս ի տեղի մի դաշտաձեւ, պակեաւ իշխանն փախստական մինչ դեռ զաւրքն ի հեռի էին, եւ ոչ կարաց խուսել կամ կռուել, այլ այնպէս կայր: Ասէ մի ումն ի ծառայիցն. «Զի՞ պակեար, ո՞վ իշխան»: Եւ նա ասէ. «Պաղակ իշխան տեսանեմ, եւ ոչ կա-րեմ գնալ»: Բայց ոչ կարացին գիտել, թէ զի՛նչ էր բանն, եւ անդէն մեռաւ: Իսկ նորա կտրեալ զգլուխն, եւ առեալ զեր-կու իշխանորդիսն՝ զորս եկալ, եւ ետ պահել. եւ ինքն գնաց զհետ փախստէիցն: Եւ հասեալ միւս իշխանին՝ ասէ Վարազ.

«Անկի՛ր Պարսիկ կամաւ, ապա թէ ոչ՝ անկանիս ա-կամայ»: Եւ նա փախեաւ: Եւ Վարազ զհետ մտեալ, եհար զտէգն ի թիկունս նորա, եւ անցոյց ընդ ողն երիվարին, եւ ասէ. «Այժմ անկանիս»: Եւ կոչեցաւ անուն տեղւոյն այնո-րիկ Ներքինանկնիս:

Եւ սակաւ մի գնացեալ՝ եհաս միւս այլ իշխանին, եւ ասէ. «Անկանի՞ս կամաւ, եթէ ոչ՝ անկանիս ակամայ»: Իսկ նա ընդդէմ դարձաւ, եւ կտրեաց զգլուխ երիվարին Վարա-զայ, եւ ընկէց: Իսկ նա ի վայր վազեալ, եւ եհար զջիլս երի-վարին պարսկին, եւ ասէր. «Անկիր եւ դու»: Եւ անուանեցաւ տեղին այն Վայրանկանիս: Իսկ այնք՝ որք ի Պուղկն էին մը-նացեալք, առեալ զերկու իշխանորդիսն եւ զգլուխ այնր իշ-խանին՝ որ պակեաւն, բերին առ Վարազ. եւ կոչեցաւ ա-նուն տեղւոյն այնորիկ Պուղկ: Եւ դարձաւ Վարազ առ Սըմ-բատ որդին իւր, եւ իջին առ Վահան. եւ նա կոտորեալ էր զբազումս, եւ վաստակեալ էր յոյժ: Եւ փախուցեալքն ընդ երեսս դաշտին փախստեայք լինէին, եւ անուանեցաւ տե-ղին այն Փանդիկ:

They got the Iranian soldiers between them and began to close in on them. The prince of Palunik' separated off two princes and chased them on to Hashteank'. As soon as he reached a plain-like place [one of the] fugitive princes became terrified while the troops were far away, and he was unable to flee or to fight, and so he remained. A certain one of the servants asked: "Why are you frightened, oh prince?" He replied: "I see the Palak prince but I cannot go [to him]." But they were unable to learn what [this statement meant]. The man died on the spot. Then [the prince of Palunik'] cut off his head and took the two princes' sons who had come along, and had them held. Then he went after the fugitives. Reaching the other [fugitive] prince, [Varaz] said:

"Fall to the ground willingly, Iranian, or else you shall fall unwillingly." But [the man] fled. Varaz went after him and struck him with his lance, which went through the shoulder and on through the horse's spine, and he said: "Fall now." The name of that place was called Nerk'inanknis.[40]

Continuing on a short way he reached yet another prince and asked him: "Will you fall willingly or unwillingly?" The Iranian turned about and severed Varaz's horse's head and he fell. But [Varaz] ran underneath the Iranian's horse and struck the horse's tendons, saying "Now you too fall." That place was named Vayrankanis.[41] Now those [troops] who had remained at Pughk' took the two princelings and the head of the prince who had been frightened and brought them to Varaz. That place was named Pughk'.[42] Then Varaz returned to his son Smbat and they descended to Vahan. [Vahan] had cut down many men and was extremely fatigued. Fugitives were fleeing across the field, whence the place name P'andik.[43]

---

40 *Nerk'inanknis:* Fall Down.
41 Vayrankanis: Fall Down.
42 Two *mss.*: Poghk; another, Poghak.
43 Three *mss.*: P'oyadik.

Իսկ կրաւնաւորացն դարձեալ գային ի Կաղամախեաց բլրէն, եկին ի բլուր մի, որ հայի ընդ դաշտն Մատրավանից. անկան առ նոսա գունդ մի Պարսիկ փախստական, եւ աղաչէին զկրաւնաւորսն՝ ապրել: Իսկ իբրեւ եկին այլ գունդք իշխանին Հաշտենից, ասեն. «Ո՞ւր են Պարսիկքն, որք գային զհետ փախստէիցն. եւ ոչ ետուն կրաւնաւորքն զպարսիկսն ի ձեռս նոցա: Եւ եկեալ իշխանին Հաշտենից, ասէ. «Զի՞ եղեն Պարսիկքն»: Եւ նոքա ասեն. «Աւասիկ են ընդ Հայերոյդ»: Եւ կոչեցաւ անուն տեղոյն Հայրկերտ:

Եւ ապա դադարեաց պատերազմն եւ զփախուցեալսն դարձուցին ի Մեղտի, եւ գտան համարով արս չորեքհարեւր եւ ութսուն. եւ տուեալ նոցա գանձս եւ երիվարս՝ արձակեցին ի Պարսիկս, լինել զրուցատարս աքանչելեացն՝ որ հանդիպեցաւ ի կրաւնաւորացն նոցա:

Վճայ եղեւ պատերազմին Տարաւնոյ ի հինգ առաջինի՝ իշխանացն.

Մուշեղայ,

Վահանայ,

Սմբատայ,

Վահանայ կամսարականի,

եւ Տիրանայ:

Որոց յիշատակն աւրհնութեամբ եղիցի:

Now the clerics once again came from Kaghamaxeac' hill to a hill opposite the Matravank' plain. A brigade of Iranian fugitives came upon them and beseeched the clerics to save their lives. Now when the other brigades of the prince of Hashteank' arrived, they asked: "Where are the Iranians who came after the fugitives?" But the clerics would not hand the Iranians over to them. Then the prince of Hashteank' came up and asked: "What became of the Iranians?" [The clerics] replied: "Behold, they are with your fathers." And that place was thenceforth called Hayrkert.

Then the battle ceased. They turned the fugitives toward Meghti, finding 480 of them. They gave them treasures and horses and released them to [go to] the Iranians as news-bearers [to relate] the wonders they had encountered from [the Armenians'] clerics.

Five virtuous princes conducted the war of Taron:

Mushegh',
Vahan,
Smbat,
Vahan Kamsarakan,
and Tiran.

Blessed be their memory.

ՊԱՏՄՈՒԹԻՒՆ

Ընդ ժամանակս թագաւորութեանն Հերակլեայ զաւրացաւ Խոսրով Պարսից արքայն. եւ գնաց մինչեւ յԵրուսաղէմ. զքաղաքն աւերեաց եւ զկտակարանսն այրեաց, եւ զՍուրբ խաչն գերեաց, եւ առեալ գնաց ի Պարսիկս, եդեալ ի պահեստի զՍուրբ խաչն հանդերձ սպասուքն մինչեւ յեւթն եւ ի տասն ամի թագաւորութեանն իւրում: Եւ զաւրացաւ Հերակլ ի թագաւորութեանն իւրում, գնաց ի Պարսիկս, եւ եսպան զԽոսրով եւ դարձոյց զՍուրբ խաչն հանդերձ գերեաւքն: Եւ ընդ բազում աւթեւանաւք զանց առնէր՝ եւ տուեալ մասունս բազումս Հայոց աշխարհին եւ մեծամեծ իշխանացն: Իբրեւ գնաց յԵրեզնաւան, կտրեաց սպասաւորն մեծ մասն մի ի գիշերին, եւ կամէր փախչել: Իսկ մի ոմն իմացեալ, ազդ արար թագաւորին, եւ նորա առեալ զմասնն ի նմանէ՝ կտրեաց զգլուխ նորա: Եւ ելեալ զաւրաւքն գնաց ի Կեսարիա, եւ ետ զմասնն հայրապետին Կեսարու, որ կոչիւր Յովհան. եւ ինքն գնաց ի թագաւորաբնակ քաղաքն Կոստանդինուպալիս: Եւ ի նոյն ամի գնաց Վահան Կամսարական ի Կեսարիա, եւ ետ երեսուն՝ եւ վեցհազար դահեկան հայրապետին Յովհաննու, եւ առեալ զխաչն եբեր ի վանս Գլակայ ի Սուրբ Կարապետն, եւ եդ ի դարանն՝ որ ի վերայ սրբոյ սեղանոյն. եւ եկաց անդ ամս վեց:

Իսկ իշխանն Արջուց կողմանն Գորգ Շատախաւս, որ կոչեաց զանուն գաւառին իւրում Շատախ՝ վասն աւելի անուան իւրում, սա եկն ի դաշտն Տարաւնոյ առ այր մի՝ որոյ անուն էր Ծիծառնիկ. որ շինեաց փոքր աւան, եւ եդ անուն նմա Ծիծառն: Աղաչեաց իշխանն զԾիծառնիկ՝ եթէ «Հնարեա եւ գողացիր զխաչն, զի եկեղեցապանն քո ազգականն է: Բեր զխաչն եւ տուր ինձ, եւ առ յինէն վեցհազար դրամ»: Իսկ նա աւէ.

HISTORY

During the kingship of Heraclius[44], the Iranian king Xosrov grew strong. He went as far as Jerusalem, ruined the city, set fire to the gospels, captured the holy Cross, took it to the Iranians, and put it and the [city's religious] vessels in reserve, until the 17th year of his reign. And [when] Heraclius grew strong in his kingdom, he went to the Iranians, slew Xosrov, and retrieved the holy Cross along with the captives. Then he passed over many lodging-places, [arrived in Armenia], and gave many relics to the land of Armenia and to the grandee princes. When he went to Ereznawan, an attendant stole a large piece of [the Cross] during the night, and wanted to flee. Now someone who found out informed the king who took back the relic from him and cut off [the thief's] head. [Heraclius] then went with his troops to Caesarea where he gave the relic to the patriarch of Caesarea named Yovhan. Then he returned to the royal city of Constantinople. The same year Vahan Kamsarakan went to Caesarea, gave the patriarch Yovhan 36,000 *dahekan*s and brought [a piece of] the Cross to [the church of] St. Karapet in Glak monastery where it was placed in a cupboard on the altar. It remained there for six years.

Now the prince of the Arjk' area was Gorg Shataxos[45] who named his district Shatax after his nickname. [Gorg] came to the plain of Taron, to a man named Cicarhnik who had built a small *awan* and named it Cicarhn. The prince implored Cicarhnik: "Find some way to steal the Cross since the church warden is your relative. Bring the Cross to me and you will receive 6,000 dram." But Cicarhnik replied:

---
44 Heraclius [610-641].
45 *Shataxos:* the Blabbermouth.

«Դրամն քեզ, զխաչն առնում, եւ գամ յերկիրն քո. եւ ընտրեմ ամուր տեղի, եւ շինեմ աւան. եւ զիմ անունս դընեմ»: Եւ յանձն կալեալ իշխանին, գնաց ի տուն իւր. իսկ Ծիծառնիկն զկինն եւ զորդիսն եւ զազգատոհմն իւր յղեաց առ իշխանն Արջուց, եւ ինքն եկեալ՝ ծանոյց զիրսն եկեղեցապանին: Եւ նորա յանձին կալեալ՝ իջոյց ի պահարանէն, եւ գնացեալ զհետ նորա յերկիրն իշխանին՝ ընտրեաց տեղի, եւ շինեաց եկեղեցի. եւ անդ եդին զտէրունական սուրբ նշանն, եւ անուանեաց զաւանն Ծիծառնէ:

Եւ ընդ այն ժամանակս Ներսէս Հայոց կաթողիկոս, որ ի Տայոց էր ծննդեամբ, այն, որ զՎաղաշկերտոյ Սուրբ Աստուածածինն շինեաց, եկն վասն Սուրբ խաչին տեսութեան: Իսկ Վահանայ առեալ զկաթողիկոսն, եկն ի վանսն Գլակայ. եւ խնդրեաց զՍուրբ խաչն: Իսկ սպասաւորացն խնդիր արարեալ՝ ոչ գտին: Սուգ առին իշխանքն եւ կաթողիկոսն եւ եպիսկոպոսունքն, եւ զեւթն աւր Վահան ոչ եկեր եւ ոչ էարբ: Եւ յայտնեալ նմա մինչ դեռ ննջէր ի դուռն եկեղեցւոյն յաւուր ուրբաթու, ետես ինքն իշխանն Վահան, զի այր ոմն լուսաւոր ընդ սեամս եկեղեցւոյն յայս կոյս ելեալ՝ ասէ ցնա. «Զիս կողոպտեցին, եւ զԱրջք շինեցին. արդ՝ թո՛յլ տուր, զի երկիրն այն ամուր է, ոչ կարեն անդի գողանալ»: Իսկ նորա լի եղեալ խնդութեամբ, զարթեաւ. եւ ընթացեալ՝ աւետիս տայր կաթողիկոսին, եթէ խաչն ի յԱրջքն է: Եւ խնդացեալ յոյժ՝ ի վաղիւն տաւն ցնծութեան կատարեցին, եւ յարուցեալ գնացին ի տեղին. Եւ կալեալ զկրաւնաւորն՝ որ զխաչն էր գողացեալ՝ ետ ցկաթողիկոսն, եւ հանել ետ զերկոսին աչս նորա՝ որ զի կողոպտեաց զՍուրբ Կարապետն:

"Keep your money. I shall take the Cross and come to your country, select a secure place, build an *awan* and name it after myself." The prince agreed to this and went home. Now Cicarhnik sent his wife, sons, and clan to the prince of Arjk' while he himself went to the church warden and explained the matter to him. The man agreed [to cooperate], removed [the Cross] from its repository and accompanied [Cicarhnik] to the prince's country. He chose a site and built a church, and they placed the holy symbol of the Lord there. The *awan* was named Cicarhn.

Now at that time the *Catholicos* of Armenia, Nerses (who was born in Tayk' and who built [the church of] the Blessed Mother of God at Vagharshakert), came to see the holy Cross. Vahan took the *Catholicos* and came to Glak monastery, and he requested the holy Cross. The [church] attendants sought for, but were unable to find it. The princes, the *Catholicos*, and the bishops mourned, and for seven days Vahan neither ate nor drank. While he was asleep by the door of the church on Friday, he saw himself, prince Vahan, and a certain luminous man crossing over the threshold of the church. The man said to him: "They stole me and they built Arjk'. So permit it [to stay there], since that country is secure, and they cannot steal it from there." Then [Vahan] awoke full of joy and hurried to give the *Catholicos* the good news that the Cross was at Arjk'. Overjoyed, the following day they held a celebration and then went to the place [mentioned in Vahan's vision], seized the cleric who had stolen the Cross, and gave him to the *Catholicos* who had the man's two eyes gouged out since he had robbed St. Karapet.

Եւ կալեալ Վահանայ զԾիծառնիկ, եւ եհատ զգլուխ նորա։ Եւ զիշխանն Արջուց եդեալ յՈղկան մինչեւ չառ ի նմանէ հարեւր հազար դահեկան, եւ ապա շինեաց զեկեղեցին՝ որ ի վերայ բլերն Մշու՝ յանուն որդւոյ իւրոյ կրտսերի Ստեփաննոս, որ կայ ի նոյն դուռն թաղեալ։ Իսկ զխաչն ետ Վահան ի ձեռն եպիսկոպոսին Արջուց. եւ նա իսկ կացոյց քահանայս եւթն ի վերայ եկեղեցւոյն, զի յամենայն ամի մինն ունեցի. եւ վեց հազար դրամ կարգեցին նոցա տալ Հայոց ի Տարաւնոյ։

Արդ զայս պատմութիւնս գրեալ եդին յեկեղեցին Ծիծառնէոյ. Եւ եղեւ այս ի թուականութեանն Հայոց հարեւր եւ երեսուն, եւ Հոռոմին չորեքհարեւր քսան եւ եւթն. զոր ստուգիւ գրեալ զեղեալ պատմութիւնն՝ եդին ի Գլակայ վանսն, ի Սուրբ Կարապետոն, հրամանաւ Ներսիսի Հայոց կաթողիկոսի՝ որ քսան եւ իններորդ էր ի սրբոյն Գրիգորէ, եւ յիշխանութեանն Վահանայ Մամիկոնենոյ։ Երեսուն եւ երկու իշխան նստեալ է ի Մուշեղայ Մամիկոնենի ցեղին. սա եկաց իշխան ի Տարաւն ամս երեսուն, եւ մարզպան՝ ամս տասն։

Յետ այսքան պատմեալ զրուցատրութեանց, սուգ ժամանեաց խաղաղաբնակ երկրիս մերում։ Զի Վահան յաւելեալ առ հարսն իւր, մեռանի. Եւ կայ թաղեալ ի դուռն սրբոյ Կարապետին, կացեալ իշխան Տարաւնոյ եւ Ապահունեաց ամս երեսուն։ Բայց որդի նորա Տիրան հրամանաւ Վաչդենայ Վրաց իշխանին եւ հաւր իւրոյ Վահանայ գնաց ի դուռն Խոսրովայ, յառաջ քան զգնալն Հերակլի ի Պարսիկս. եւ եղեալ Խոսրովայ ընդ որդեգիրս, լեալ մարզպան Հայոց, առնու զաւր բազում, եւ գայ ի վերայ Յունաց որպէս թէ ի պատերազմ։

Vahan seized Cicarhnik and beheaded him, while the prince of Arjk' was placed in Oghkan [fortress] until he paid 100,000 *dahekan*s. Then [Vahan] built the church which stands on Mush hill named after his younger son, Step'annos (who is buried at the door of the same [church]). Now Vahan gave the Cross to the bishop of Arjk' and he set up over the church seven priests so that each year one would have [charge of] it; and they arranged to give 6,000 *dram*s to the Armenians of Taron.

This *History* was written and placed in the church of Cicarhn. This was in the year 130 A.E. [A.D. 681] and the year 427 of the Roman Era. Accurately written, the *History* was placed in [the church of] St. Karapet at Glak monastery by order of Nerses, the 29th *Catholicos* of Armenia [in succession] from St. Gregory, and during the princehood of Vahan Mamikonean. [Vahan] was the 32nd prince of the Mamikonean clan [in succession] from Mushegh. He was prince of Taron for 30 years, and *marzpan* for 10 years.

After the recital of such accounts, mourning descended upon our tranquil country, for Vahan was gathered to his fathers. He is buried at the door of [the church of] St. Karapet, having been prince of Taron and Apahunik' for 30 years. But his son Tiran, prior to Heraclius' going to Iran, went to [king] Xosrov's court at the command of the Iberian/Georgian prince Vashdean and his own father Vahan. Being thus among Xosrov's adopted sons, he became *marzpan* of Armenia. He took many troops and came against the Byzantines as though in war.

Բայց յղէ ի կայսրն, թէ մի՛ ինչ երկնչիր յիմոյ գալոյս. այլ տուր ինձ քաղաք մի, զի ժողովեալ զզաւրս Հայոց, եւ մնացից քեզ ի թիկունս: Իսկ նա ուխտ սիրոյ դնէր ի միջի, ոչ միայն մարզպան Հայոց եւ Պարսից համարեալ՝ այլ եւ դիմէսյլեկոս առնել բովանդակ Հոռովմոց:

Զայսոսիկ լուեալ Վաշդեան Վրաց իշխանն՝ առաքեաց առ Խոսրով, եթէ «նենգեաց քեզ Տիրան, եւ եղեւ ընդ Յոյնս. արդ՝ առաքեա՛ ութ հազար այրուձի ընդ Վանանդ, եւ ես տաց զնա ի ձեռս քո»: Իսկ թագաւորն կոչեաց զՋոջիկ՝ Վրաց իշխանորդին, եւ արար մարզպան. եւ զՍիւնեաց իշխանն ձեռակոծ տայր հանել որպէս զնենգաւոր եւ զխաբող ազգ: Եւ առաքեաց ինքն զաւր առ Վաշտեան զաւր հինգ հազար. Իսկ Վաշտեան գրեալ թուղթ առ Տիրան այսպէս. «Նեղացար պանդխտութեամբ. արդ՝ արի եկ՝ զի խորհեսցուք ինչ ի վերայ արքայի»:

Իբրեւ ընթերցաւ զթուղթն, ի նոյն աւուր եկն թուղթ մի ի Համամայ՝ քեռորդւոյն Վաշդենայ, ծանուցանել զնենգութիւնն՝ որ ինչ առաջի կայր ի զաւրացն՝ եկելոցն ի Պարսից: Եւ նորա վաղվաղակի թուղթ գրեալ ի Վաշդեան, յամաւթ առնելով վասն ծածուկ իրացն: Եւ բարկացեալ Վաշդեան, ետ ածել զՀամամ եւ ծայրատել զոտս եւ զձեռս նորա: Եւ առեալ զպարսիկս՝ էանց ընդ գետն Ճորոխ եւ գնաց ի քաղաքն Համամայ՝ որ կոչի Տամբուր. էհար սրով եւ հրով, եւ գերեաց զքաղաքն: Իսկ սուրբ եպիսկոպոսն քաղաքին Մանկնոս անիծեաց սաստիկ զիշխանն. եւ նորա հրաման տուեալ պարսկացն կոտորել զքահանայսն յեկեղեցին, որ կոչի սուրբ Սիովն: Իսկ եպիսկոպոսն աղաւթեալ առ Աստուած լռութեամբ, միայն զայս հանեալ ի լոյս՝ թէ «եղիցի քաղաքս այս խոպան եւ աւերակ, եւ ոչ ոք իցէ որ բնակիցի ի սա յաւիտեանս յաւիտենից»: Եւ արկեալ զինքն ի վերայ սեղանոյն, զենին յաւուր Պենդեկոստէին յառաջ քան զՔրիստոս պատարագեալն:

But he sent [a message] to the emperor, saying: "Do not be frightened by my coming. Instead, give me a city where I may assemble the Armenian troops and I shall be your auxiliary." And between them he made an oath of friendship, [being] considered not only the *marzpan* of Armenia and Iran, but also *dimeslekos* of all the Greeks.

When the Iberian prince Vashdean heard about this, he sent to Xosrov, saying: "Tiran has betrayed you and joined the Byzantines. Now send 8,000 cavalry by way of Vanand, and I shall deliver him up to you." The king called the Iberian princeling, Jojik, and made him *marzpan*, and he had the prince of Siwnik' beaten up and removed as [a person belonging to a] treacherous and deceitful *azg*. [Xosrov] himself sent 5,000 troops to Vashdean. Now Vashdean wrote a letter to Tiran as follows: "You have aggravated [Xosrov] with your migration. But come and we shall consult about the king."

As soon as [Tiran] read the letter, another letter arrived the same day from Vashdean's sister's son, Hamam, acquainting [Tiran] with the treachery before him from the troops who had come from Iran. He immediately wrote a letter to Vashdean reprimanding him for his plot. Vashdean grew angry and had Hamam's feet and hands loped off. Then, taking the Iranians, [Vashdean] crossed the Chorox river and went to Hamam's city, named Tambur, which he attacked with fire and sword and enslaved. Now the blessed bishop of the city, Manknos, severely cursed the prince. [Vashdean] ordered the Iranians to kill the priests in the church named Holy Zion. The bishop had silently prayed to God to ask only that the city be turned into a desert and a ruin and that for all eternity no one reside there. He threw himself on the altar and [the Iranians] sacrificed him on Pentecost before mass was offered to Christ.

Եւ ի միւսում աւուրն ճայթեալ ամպոց երկնից, հրայրեաց արար զնա մինչ նստէր առ դուռն քաղաքին Տամբուրայ: Զայս յետոյ շինեաց Համամ, զիւր անուն դնելով Համամաշէն: Եւ ի գլուխ ել աղաւթք Մանգնոսի. զի երեք հազար այր ի միում գիշերի սատակեցան, եւ այլքն փախեան, եւ քաղաքն աւեր մնաց:

Ապա ի սոյն ամի ելանէ Հերակղ եւ սպանանէ զԽոսրովվ. եւ յիշեաց զերդումնն՝ զոր ընդ Տիրան եւ ընդ ինքն, եւ կացուցեալ մարզպան ամենայն Հայոց, եւ ինքն գնաց ի Կոստանդինուպաւլիս: Եւ յետ ութ ամի եկն Աբդռահիմ քեռորդի Մահմետի բազում աղխիւ՝ ութեւտասան հազար առնեւձիոյ ընդ իւր բերեալ, խնդրէր հարկս ի Հայոց: Իսկ Տիրան արձակեաց ժողով լինել համաւրեն զաւրու ի պատերազմ: Զոր դիպող ժամանակ գտեալ իւր՝ որդին Վաշդենոյ՝ Զօջիկ Վրաց իշխանն, ապստամբեցուցանէ զբովանդակ Հայք՝ չերթալ առ նա: Զայս տեսեալ Տիրանայ թէ ամենայն ինչ ի վերջ հասեալ է, եդ զայս բանս առաջի զաւրաց իւրոց ութ հազարաց՝ որք կամաւ էին եկեալ, թէ «Ո՞վ Քրիստոսի ժողովուրդք, լաւ է ինձ մեռանել՝ քան զեկեղեցի Աստուծոյ հարկատու լինել Տաճկաց»:

Եւ ի վաղիւն ժողովեալ ի ստորոտն Գրգռոյ՝ որ ընդ հարաւոյ, ի դաշտ անդ խմբեցան յառաւաւտէ մինչեւ յերրորդ ժամն: Դեռ եւս փախստեայ էին արարեալ զՏաճկաստանսն, իսկոյն իշխանն Անձաւացեաց ապստամբեալ ի դուրս ելեալ, եւ սուր ի վերայ Հայոց զաւրուն դնէ: Իսկ Տիրան պատառեալ զերկու ռազմն, պատահեցաւ Սահոււռայ, եւ ասէ. «Կա՛ց ուրացեալ Սահո՛ւռ, զի ըմբռնեաց զքեզ Քրիստոս ի ձեռս իմ»: Եւ ձգեաց զգլուխն Սահուռայ սրբով, եւ ինքն անդէն պսակեցաւ սրով երկու իշխանաւքն: Եւ ապա ի մէջ առեալ զզաւրսն Հայոց, ամենեցուն զկատարած կենաց հասուցանէին:

On the next day there was a cloudburst and [Vashdean] was consumed by fire as he sat by the city gates of Tambur. Hamam subsequently [re]built this [city] calling it after himself, Hamamashen. And Mangnos' prayer was realized. In one night 3,000 men died, others fled, and the city remained a ruin.

That same year Heraclius arose and killed Xosrov. He remembered the oath made between himself and Tiran. He made [Tiran] *marzpan* of all the Armenians and he himself went to Constantinople. Eight years later, Mahmet's sister's son, Abdrhahim, came with much baggage bringing 18,000 cavalry with him, demanding taxes from Armenia. Now Tiran sent [a message] that the entire army assemble for war. However Vashdean's son, Jojik, prince of Iberia, finding the time favorable, had caused all of Armenia to rebel so that they would not go to [Tiran]. When Tiran saw that all was up, he spoke these words before his army of 8,000 soldiers who had come willingly "Oh people of Christ, it is better for me to die than for the Church of God to become tributary to the Tachiks."

The next day they assembled at the foot of Grgurh [mountain] and fought in the plain to the south, from morning until the third hour. While they were still putting the Tachkastank' [Arab forces] to flight, suddenly the prince of Anjewac'ik', [Sahurh], rebelled, came out [of the ranks], and turned his sword upon the Armenian troops. Now Tiran, tearing through the troops, encountered Sahurh and said: "Stop, apostate Sahurh, for Christ has made you fall into my hands." And he cut off Sahurh's head with his sword. Yet he himself was martyred there by the sword [together] with two princes. Then the Armenian army was trapped and every man lost his life.

Իսկ ոմանք փախստեայք լեալ, անցանէին հանդէպ մաւրաթախ Աւձ քաղաքի: Եւ կոտորեալքն ի Պարսիցն կան ի պահեստի ընդ վկայարանաւն, եւ վերակոչի անունն Սուրբ Բանակ: Իսկ Աբդռահիմ անցանէ ընդ Հարք եւ ի Բասեան, ի Վիրք եւ ի Ջաւախս եւ ի Վանանդ. եւ առեալ հարկս, դառնայ ի Տաճկաստանս:

Ի սոյն ամի քակի եկեղեցին, որ յԱշտից վանսն՝ հիմնարկեալ ի սրբոյն Գրիգորէ. եւ Կարապետն յիննակնեանսն, Մատրավանն ի Տարաւն, եւ մեծ կաթուղիկէն յԱստծաբերդ, եւ Ներսիսի հայրապետի կաթուղիկէ եկեղեցւոյն ի Թիլն յԵկեղեաց գաւառն: Եւ մարզպանն կայ թաղեալ ի դուռն կաթողիկէին ի Չիւնկերտ Տարաւնոյ ի Պորպ քաղաքի:

But some fled and passed across to swampy Oj ("Snake") city. [Remains of] those killed by the Iranians[46] are kept in the reliquary of the martyrium renamed Holy Host. Abdrhahim passed through Hark', to Basean, to Virk', and to Jawaxk' and to Vanand. He took taxes and returned to Tachkastan.

The same year the church at Ashtic' monastery[47] was pulled down. That church was founded by St. Gregory. [The churches of] Karapet at Innaknean, Matravank' in Taron, the great cathedral at Astghaberd, and the cathedral of patriarch Nerses at T'il in Ekeaeac' district [were also pulled down]. The *marzpan* is buried at the door of the cathedral in Jiwnkert, Taron, in Porp city.

---

46 One *ms.*: "by the Taciks".
47 One *ms.*: Ashitshat.

ՅԻՇԱՏԱԿԱՐԱՆ

Ժամանակագրութիւնս այս սկսեալ առ սրբով Գրիգորիւ Զենոբայ Ասորւոյ՝ վասն որ ինչ յիւրեան տեղիսն գործեցաւ թողեալ գրով ի նոյն եկեղեցին: Հաճոյ է թուեալ եւ այլոց յետոյ զնոյն պահեալ զկարգ, միայն որ ինչ իշխան տանս այս առնէր քաջութիւն՝ իւրաքանչիւր հայր գրեալ զիւր ժամանակին թողոյր. եւ աճեալ, պատմութիւն Ասորւոց կոչիւ Զի այն հարանցն անուանքն, որք գրեալք կան մինչեւ ի Թոդիկ, ամենեքեան Ասորիք էին. եւ տունն այն ասորի գրով եւ պաշտամամբ է վարեալ մինչեւ ի Թոդիկ: Եւ նա փոխեաց զամենայն կարգս, եւ զԱսորոց ցեղսն բնաւ հալածական արար ի վանացն:

Բայց զոր ինչ ի Տրդատայ մինչեւ ի Խոսրով արքայ Պարսից լեալ է ի տանս Մամիկոնէից՝ ոչ գտի գրով: Ապա տեղեկացայ յոմանց՝ թէ ի կողմանս Ուռհայի է կրաւնաւոր ոմն Մարմառա կոչեցեալ, եւ ունի զգիրսդ զայդ: Գնացի եւ տեսի առ նմա զգիրսն, որ ի նոյն իննակնեան վանս էր գրած. եւ նա ի զաւրաց ուստեք ունէր ի Պարսից կամ յայլոց ուրուք, որ ապականեալ զերկիր, եւ գիրքն կարծեմ թէ անդի է անկեալ ի նա: Եւ թարգմանեալ ի նմանէ քսան եւ ութ պատճեան, եւ տասն՝ որ ի գրի առ իս կայր, եւ բովանդակեալ արարի երեսուն եւ ութ պատճեան, ի մի գիրս հաւաքելով՝ թողի մանկանց եկեղեցւոյ:

COLOPHON

This chronology was begun by the Syrian Zenob with [the time of] St. Gregory [and concerns] what had transpired in that place. [Zenob] left a written [account of these events] in the same church. It seemed agreeable to others succeeding [Zenob] to keep the list [in] the same [manner], and thus, each abbot wrote of the events of his own time—what prince of this house displayed what brave exploits—and left them. [These compilations] grew and were called the *History of the Syrians*. For those abbots who are recorded until T'odik were all Syrians, and that place [*tun*] conducted its writing and worship in Syriac until T'odik. The latter changed the system and drove all the Syrian clans out of the monastery.

However, I did not find [information] written down concerning the [events] transpiring from Trdat until Xosrov king of Iran in the house of the Mamikoneans. Then I learned from some people that in the Edessa area there was a certain cleric named Marmarha who had that [material] written. I went and saw the writings he had which had been composed in that very monastery of Innaknean. He had got hold of it from some Iranian soldier or others who had polluted the country, and the book, I believe, thence fell into his hands. [I] translated from it 28 episodes and [there were] 10 episodes that I had in my possession. I put them together, making 38 episodes, collected them into one book, and left them to the clergy.

Ի ժամանակս թագաւորութեանն Հերակլեայ, եւ ի մահուն Խոսրովու, հրամանաւ Ներսիսի Հայոց կաթողիկոսի, եւ յիշխանութեանն Մամիկոնեան Վահանայ՝ զոր մայրենեաւք Կամսարական կոչեն, որ երեսներորդ երկրորդ էր ի Մուշեղայ՝ զոր Քաջակորով կոչեն, գրեալ եւ կազմեալ ի վանսն Գլակայ ի դուռն Սրբոյ Կարապետին, յորում կայ նշխարք Կարապետին՝ բեւեռովն յայտնի գոլ, թողի անմոռաց յիշատակ ինձ եւ իմոցն, ես՝ Յովհան Մամիկոնեան եպիսկոպոս, երեսներորդ հինգերորդ ի Զենոբայ առաջին եպիսկոպոսէն Մամիկոնենից, ի հայրութեանն Սամուէլի՝ որ չորեքամսեան էր նստեալ։

Արդ որք զկնի ոցա այլք նստին վանականք, զոր ինչ գործի յաւուրս նոցա ի տանս յայսմիկ՝ դիցէ ի նոյն մատեանս. զի այսպէս գտաք աւրինադրեալ յառաջնոցն։

Դարձեալ ես տէր Յովհաննէս Մամիկոնեան եպիսկոպոս, աղաչեմ զմանկունս եկեղեցւոյ Աստուծոյ. զի յորժամ զշարադրութիւնս զայս ընդաւրինակէք, մի՛ ինչ թուեցի ծաղր ումեք. այլ եւ զիմ պատճեանն անպակաս եւ լի գրով դրոշմեսջիք զհետ գրելեացդ, զի աւրհնեալ լիջիք ի սուրբ Կարապետէն, եւ ի մեր նուաստ հովուական աղաւթից, եւ բովանդակ իսկ ի Քրիստոսէ. եւ աստուած վարձահատոյց լիցի գրողացդ եւ ընթերցողացդ, ամէն։

In the time of the reign of Heraclius when Xosrov was dead, by order of Nerses, *Catholicos* of Armenia [this was written], in the principality of Vahan Mamikonean who was called Kamsarakan on his mother's side, the 32nd [prince in succession] from Mushegh called *K'ajakorov*—written and bound in the monastery of Glak at the door of the blessed [church of] St. Karapet, in which are [found] the relics of Karapet. I have left an unforgettable memorial of myself and of my own [family]. [I am] bishop Yovhan Mamikonean, 35th [bishop in succession] from Zenob, first bishop of the Mamikoneans, in the 4th year of the patriarchate of Samuel.

Now as for those others who sat as monastics after them, and what was wrought in ther times in this house is seen in [this] same book. For thus have we modelled ourselves on our predecessors.

Again I, lord Yovannes, bishop of the Mamikoneans, beseech the clergy of the Church of God that when you make a copy of this composition let nothing appear ridiculous to anyone. Instead, rewrite my exemplar fully and without deletions, so that you will be blessed by St. Karapet and in our humble shepherd's prayers, and completely by Christ. May God reward you scribes and you, the readers. *Amen.*

Index

Abbot, 3; 13-15; 23; 27; 49; 83; 97; 101-103; 121.

Azat, 7.

Byzantines, 5; 15-21; 33; 45-47; 51; 83; 113-115.

Byzantium, 7; 15; 23.

Camels, 67; 71; 91.

Dahekan, 15; 57; 69-73; 109; 113.

Dayeak, 11-13.

Glak, 3-7; 13; 49; 55; 59; 83; 97-99; 109-113; 123.

Hashteank, 51; 55-57; 81-83; 87; 93; 105-107.

Heraclius (emperor), 83; 109; 113; 117; 123.

Horses, 15; 19; 31; 35-37; 45; 51; 55; 59; 63; 67; 71-83; 91; 95; 103-107.

Marzpan, 15-19; 27; 37; 47; 87; 113-119.

Maurice (emperor), 15-19; 23.

Mihran, 21-43; 47; 51-53.

Mushegh Mamikonean, 5-7; 15-21; 27-31; 43; 47-49; 85-87; 107; 113; 123.

Palu, 55; 75; 79; 83; 91; 95; 105.

Phocas (emperor), 19; 23.

Polo, 47; 103.

St. Gregory, 3; 27; 73; 101; 113; 119-121.

St. Karapet, 7-17; 23; 29; 41; 47-49; 59-61; 65; 77; 81-85; 93-97; 101-103; 109-113; 119; 123.

Taxes, 51-57; 61; 69; 73; 109; 117-119.

T'odik, 5-9; 13-15; 23; 27; 49; 121.

Vaxtang I (king of Georgia), 51-69; 85.

Vegetarians, 23.

Wines, 53; 73.

Xosrov II (king), 15-23; 47; 51; 67-69; 85; 91; 97-99; 109; 113-117; 121-123.

Zenob of Glak, 3; 121-123.

www.sophenearmenianlibrary.com

SOPHENE

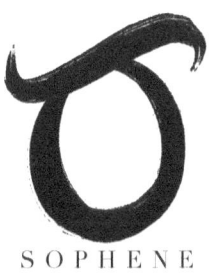

www.ingramcontent.com/pod-product-compliance
Lightning Source LLC
Chambersburg PA
CBHW030303100526
44590CB00012B/505
* 9 7 8 1 9 2 5 9 3 7 9 3 0 *